# DES LOUPS
# DANS LA BERGERIE

W0387203

Du même auteur
aux Éditions Stock

UN PRÊTRE CHEZ LES LOUBARDS

LA RUE EST MON ÉGLISE

DES JEUNES Y ENTRENT, DES FAUVES EN SORTENT

L'ESPÉRANCE AUX MAINS NUES

AVEC MON AUBE ET MES SANTIAGS

LES PETITS PAS DE L'AMOUR

AVENTURIER DE L'AMOUR

JUSQU'AU BOUT !

DIEU MON PREMIER AMOUR

Guy Gilbert

# Des loups dans la Bergerie

Stock

© 1996, Éditions Stock.

A Yusuf, Jessica, Nourredine, Rosa, Ahmed, Didier, Bernard, David, Christophe, Kathy, Fred et tant d'autres.

Anciens et nouveaux, vous m'avez fait ce que je suis.

Trente ans avec vous, cela n'a été qu'un seul jour... après la rencontre avec Alain, perdu dans les rues de Blida, en Algérie.

Tant de combats à vos côtés, tant d'échecs, tant de réussites ! Tant d'amour fraternel donné et reçu ! Combats partagés par mes compagnons. Sans eux, sans elles, rien n'aurait été, rien ne sera possible.

Aventure fabuleuse à continuer. Avant de passer un jour le relais, pour cultiver mes fleurs, biner mes arbres et apprivoiser mes sangliers.

« Quand tu seras vieux, il te suffira d'être là », m'avait dit un ancien.

Être avec vous, sans plus porter de charge de direction, de financement, d'éducation.

Oui. « Être là ». C'est tout.

# 1
# VOULOIR

**Pourquoi Faucon ?**

Parce qu'ils étouffent.

Parce que pour eux Paris est un enfer, une prison, un cloaque nauséabond. Ils sont des loups livrés à eux-mêmes dans une ville qui les fascine et qui les tue.

Pierre a treize ans.

Sa vie n'est qu'une succession de fugues. Violent, agressif, il refuse toutes les règles. La DDASS n'en veut plus. Alors, elle me le confie. C'est le premier contact. Il me regarde, de son regard en coin. « Franc comme un taureau qui charge », me dis-je. Le visage est pourtant angélique, la carrure adolescente fragile. Il a vu le « patron ». Suffisant pour aujourd'hui. Il n'a pas articulé trois phrases devant moi. Mais dès que je rentre dans mon bureau, il commence à discuter avec mes adjoints. Une heure plus tard, il sort une arme chargée de son sac. Un 6,35. Il s'amuse avec. Alerté discrètement, je confisque le joujou de mort. Furieux, il veut s'en aller. « La porte est ouverte» : telle est ma réponse. On palabre. «Ton arme, tu l'auras à dix-huit ans.» Il se calme. J'aurais fait disparaître le pistolet dans mon vide-ordures qu'il aurait filé aussitôt. Bien sûr, dans quatre ans, il pensera à autre chose et l'arme n'existera plus depuis belle lurette.

Ils sont de plus en plus souvent armés et de plus en plus jeunes. Certains sont de véritables petites bombes humaines. «J'ai peur de l'autre», me disent-ils tous. Alors ils s'arment au cas où...

Ça, c'est Paris-violence.

Petit village au bord de Paris. Une salle bondée. Toute la famille humaine réunie. Du juge au flic, du grand-père au petit-fils, du notaire à l'inspecteur des impôts. Sans oublier les renseignements généraux, sans la présence desquels je ne peux décemment commencer! Beaucoup de jeunes.

Après la conférence, certains veulent prolonger l'entretien. Le presbytère nous accueille. Le curé, tolérant, nous garde ses portes ouvertes jusqu'à deux heures du matin.

Ils veulent me parler de mon boulot. J'estime qu'en deux heures passées ensemble, nous avons fait le tour de ces questions. Par contre, nous n'avons peut-être pas cerné tout ce qui les concerne. J'attaque. L'un après l'autre, chacun se présente et dit ce qu'il fait, son rêve, ses objectifs. Six jeunes blottis les uns contre les autres. Mes questions fusent. Les réponses tardent. « Que faites-vous ? – Rien. – Vos buts ? – La musique. – Vous vivez de quoi ? – On est chez nos vieux. – Mais vos journées sont faites de quoi ? – On se lève à midi. On traîne dans les cafés. On fait de la musique l'après-midi. On retourne au café jusqu'à deux heures du matin. – Ça vous plaît ? – Non, on s'emmerde. – Vous aimez vos parents ? – Bof. – Vous les aidez ? – Ah ! non, les vaches, pas question ! »

Vêtus de collants, cheveux longs, mines diaphanes, l'air efféminé, les doigts râpés par les cordes de leur guitare – en jouer est leur seul passe-temps – tout cela en dit long sur leur malaise, leur apathie, leur langueur.

« Mais que veux-tu qu'on fasse ? me disent-ils. – Vous bouger le cul. Apprendre à gagner votre croûte puisque les études, vous n'en voulez plus. – Y a pas de travail... »

Ça, c'est Paris-tristesse.

Paris-violence, Paris-tristesse... Je pourrais ajouter Paris-drogue, Paris-pollution, Paris-solitude. Rien d'étonnant que des jeunes, totalement paumés, m'aient dit, un jour de 1974 : « Achète une ruine, loin de la merde, de la drogue, de l'alcool, où on baigne à Paris. Et tous ensemble, on bâtira une maison. Avec nos mains et de vraies pierres. »

Faute de pouvoir acquérir une bâtisse dans l'heure, j'ai commencé à les emmener en week-end, à bord d'un camion. L'un des tout premiers nous mena à Deauville, au printemps. Une sacrée expédition. Quand la horde se déplace, autant dire qu'elle ne passe pas inaperçue. J'entre dans une épicerie pour acheter du saucisson et du fromage... Je n'ai pas beaucoup d'argent, je dose scrupuleusement les dépenses... Quand je reviens au camion, je le découvre rempli de victuailles : chacun avait fait sa petite provision, pendant que je payais la patronne... Un moment après, je vais acheter un journal : hop ! ils ramènent une vingtaine de bouquins de cul, *Moto revue*, etc., tout ce qui leur est tombé sous la main. J'ai foutu les bouquins en l'air, on a bouffé les provisions. La bouffe, ça ne se jette pas. J'ai gueulé, mais pas tellement pour leur faire la morale, plutôt en disant : « On est ensemble ; si vous continuez comme ça, on va avoir toutes les emmerdes possibles ! » Ça, ils comprennent quand même un peu.

Quand on sort de Paris, on fait aussi du sport. Des sports violents, qui liquident leur agressivité : du motocross, par exemple. Et de la musique. Un jour, un gars vient me voir : « Tu sais, euh, les copains sont pour la deuxième fois en taule... – Pourquoi ? – Ben, ils ont volé pour avoir un orchestre... » Alors, quand la bande est sorti de Fleury, je les ai attendus et je leur ai offert une petite batterie ; les gens du quartier ont payé un ampli, et les mecs ont bossé pour avoir le reste.

Ah ! et puis il y a eu les camps de neige. La plupart des gars n'avaient jamais vu la montagne ni la neige. Un des durs de l'équipe, quinze ans, qui n'était jamais sorti de Paris, m'a dit : « Tu sais, quand on voit ça, on ne peut plus être comme avant... » Chacun a droit à la nature, au silence.

Babar, un mètre cinquante-trois, quatre-vingt-trois kilos, était parti au dernier camp de neige pour maigrir. Moyennant quoi il avait pris la fonction de cuisinier, ce qui lui permettait de manger six parts sur douze. C'est un public-relations étonnant. Depuis l'âge de dix ans, il a traîné dans Pigalle, il connaît bien la vie des rues. Il avait une technique d'accrochage particulièrement au point. On ne l'a jamais vu sur les pentes. Il mettait tellement de temps pour fixer ses skis, que je lui disais : « Bon, tu nous rejoindras ! » Il ne nous a jamais rejoints. En revanche, il avait inventé ceci : il faisait deux mètres, tombait, poussait des hurlements à fendre l'âme ; il se trouvait toujours de bonnes âmes pour foncer vers lui, croyant qu'il s'était cassé au moins deux ou trois jambes. Elles le remettaient sur pied, et alors lui, d'une voix geignarde : « Je suis frigorifié, pouvez pas me payer un chocolat ? » À midi, il avait bu vingt-cinq chocolats. Et c'est lui-même qui me présenta à la patronne : « Simone, je te présente Guy ; c'est le curé voyou, enfin c'est celui qui s'occupe de nous. » Comme par hasard, c'était le bar le plus huppé de la station. Heureusement, Simone nous a fait cinquante pour cent de réduction, mais surtout, elle éprouvait une réelle compassion pour ces jeunes. Cela a si bien accroché que nous sommes revenus longtemps dans ce coin-là, parce qu'il y avait Simone.

Pendant plusieurs années, nous sommes partis, l'été, pour les pays arabes. D'abord parce que cinquante pour cent des gars et des filles sont arabes, et puis parce que ça ne coûtait pas trop cher. Surtout, il y a le soleil, et on peut dormir un peu partout. Toujours est-il que le Maroc nous a beaucoup impressionnés. J'en garde un souvenir extraordinaire. Une nuit, nous avons dormi dans un champ ; au matin, nous avons vu arriver le fellah ; sur un plateau, il apportait du lait de brebis et des galettes. Merveilleux présents de bienvenue ! Miracle de l'hospitalité ! Les gars n'ont pas manqué de comparer ce geste, renouvelé à chaque arrêt dans la campagne, à la manière dont les Français reçoivent les Arabes dans le XIX^e arrondissement...

Le Maroc, terre d'accueil, mais aussi de drogue et de prostitution. Aussitôt franchie la frontière, des dizaines de jeunes se pressent autour du camion pour offrir du kif ou du hasch ; partout, en ville ou dans le djebel, on nous en proposera. Le roi Hassan II veut arrêter la plantation du kif... Vaste programme aussi irréalisable que de faire grimper grand-mère sur une motocross. Nos gars en achètent peu : leur drogue à eux, c'est la violence, ou le vol... Beaucoup de jeunes Européens (très jeunes souvent : quinze, seize ans) viennent là pour la drogue. Quant à la prostitution des adolescents, elle est courante ; les Européens les racolent le plus souvent sur les plages. Tout cela va de pair avec la misère : dans la médina de Fez, j'ai vu des gosses de six à huit ans travailler de six à douze heures par jour, dans un atelier quasi souterrain, à la confection de petits ouvrages en cuir, ou attelés à des rouets préhistoriques qu'ils actionnent inlassablement de leurs petites jambes grêles. Pour moi, le petit portefeuille acheté deux dirhams sentira toujours la sueur de ce gosse qui, dans cette pièce sans air et sans lumière, colle interminablement d'un geste du pouce les deux morceaux de cuir...

Week-ends à la campagne, classes de neige, voyages au Maroc : ces excursions ont été bonnes pour mes gars. Elles les ont libérés, pour un temps, de leur geôle parisienne. Mais cela ne suffisait pas.

Un beau jour, un mec me dit : « On en a assez de ce putain de béton. Quand on rentre, on continue à entendre le mec d'à côté pisser jusqu'à la dernière goutte, et puis il faut mettre la même chaîne de télé que le voisin sinon on n'entend rien ! »

Non, ça ne suffisait pas. Ce n'est pas que je regrette toutes ces virées, qui ont été d'une grande richesse. Mais à la fin du week-end, ou la fin du camp, je savais que mes loubards retrouvaient un appartement vide ou une maison où les parents ne voulaient plus d'eux. Donc, ils reprenaient le sentier de leur déroute : la rue. Les combines louches, les casses, la course avec les flics, les arrestations et souvent la prison étaient les seuls horizons après les éclaircies qu'ils aimaient tant.

« Loin de Paris », c'est vite devenu une véritable obsession. Et c'est comme ça que tous mes potes et moi on s'est retrouvés sur les routes des Alpes de Haute-Provence (en 1972), à la recherche de baraques ou de ruines à vendre. Je n'avais qu'une seule peur : qu'ils veuillent acheter une vieille maison dans un village encore habité. Connaissant bien leur type de vie, je me disais : « Ils ne feront que précipiter l'émigration paysanne vers la ville. » Heureusement, ils sont tombés amoureux d'un vieux mas provençal, situé dans les gorges du Verdon à deux kilomètres du village de La Palud-sur-Verdon. La maison, appelée « Bas-Bourras », est à huit cent quatre-vingts kilomètres de Paris ! L'idéal, entrevu un soir dans la grisaille du béton parisien, prenait forme.

Je faisais partie d'une équipe de prévention du XIX$^{e}$ à Paris, comme éducateur de rue. N'ayant pas les soixante-trois mille francs demandés, j'ai acheté la baraque encore habitable pour le compte de l'association qui m'embauchait. Mais leur rêve à eux n'était pas exactement celui-là. C'était une ruine. « Bas-Bourras » nous permettra, deux ans plus tard, de la trouver à deux kilomètres à vol d'oiseau.

En attendant, « Bas-Bourras » a porté des fruits pendant des années. J'étais le responsable de cette première maison. Elle nous a aidés à nous implanter dans les Alpes de Haute-Provence.

Deux ans après la création de « Bas-Bourras », en prospectant la région, j'ai découvert, avec Christian et Mezouz, une ruine à vendre, une ancienne bergerie au nom de rapace : « Faucon ». Une vieille amie m'a donné les fonds et je l'ai achetée pour une bouchée de pain.

Le faucon symbolise la liberté. Symbole puissant pour tous les sortis de taule qui hanteront les lieux.

## Notre-Dame de Faucon

En descendant de la montagne avec mes loubards, elle nous est apparue. Ruine superbe, entourée d'une immense forêt ! Fascinés, nous avons foncé.

Avant toute chose (je ne connaissais ni le nom du vendeur, ni le prix), j'ai pris la première pierre plate que j'ai trouvée dans l'amas de pierres écroulées. Je l'ai ramenée à Paris et l'ai mise sous une statue de la Vierge à l'Enfant qu'un jeune loubard avait trouvée dans une poubelle. « Je crois pas à ça, m'avait-il dit, mais je respecte ce qui est pour toi important, Marie. »

Je me suis promis, une fois la maison construite, de nicher cette Vierge à l'Enfant au-dessus de la porte de « Faucon » redevenue maison. Elle veillera, avec son Enfant dans les bras, sur tant de jeunes qui ont manqué de tendresse maternelle et qui habiteront la Bergerie. Qui mieux qu'Elle, après avoir mis au monde cet Enfant béni, l'avoir tant aimé et, à trente-trois ans, avoir recueilli son corps martyrisé, pourra panser tant de jeunes blessés et les mettre sur le route de l'Espérance ?

C'était il y a vingt-deux ans, en mars 1974. Revenons à la ruine habitée par les ronces et les couleuvres, à l'entrée des gorges du Verdon. 852 mètres d'altitude. 5 hectares alentour. Inhabitée depuis quarante ans... Le vieux maire du patelin, Antoine, aujourd'hui décédé, me rappelait souvent qu'en 1934, portant le courrier à la place de son père, il avait trouvé la dernière habitante, morte, seule, dans sa maison.

Un des mecs avait, à Paris, la spécialité d'enfoncer les portes à coups de pied ; là, il était furieux : pas de portes ! Il est resté trois mois ; quand je suis revenu, il m'a dit : « Regarde ces putains de portes que j'ai faites et tâche de ne pas y toucher avec tes pieds. »

On a nettoyé le puits : la maison était vide depuis trois générations, il a fallu ôter trois générations de merde pour retrouver l'eau. Pour des Parisiens, vous savez, c'est toute une affaire, une eau qui ne sent pas l'eau de Javel !

J'ai toujours posé des actes d'abord. Les idées ont suivi. Les jeunes loubards ont été ma source essentielle d'inspiration, leur pouvoir de créativité étant illimité.

Je n'ai rien fondé, rien créé. J'ai écouté, simplement, il y a plus de vingt ans, un appel fort, fait de rêves apparemment irréalisables. Ce sont les jeunes, les paumés, les voyous, qui m'ont bouté hors de Paris. En me faisant acheter Faucon, ils m'imposaient une ruine. Sur le coup, j'ai douté. Mais l'éloignement des cités était à ce prix. Il fallait absolument fuir drogue, alcool, agressivité, incompréhension.

Partir du désir des jeunes de quitter leurs lieux de débauche et de délinquance, c'est quelque chose de sain. « Bâtir » quelque chose à eux, pour eux, avec eux est autrement plus constructif que de leur fourguer manoirs ou chaumières, qu'ils s'amuseront souvent à détruire. Quand ce n'est pas « leur » affaire, les jeunes souillent et cassent.

Aujourd'hui, ceux et celles qui arrivent à Faucon restent des bâtisseurs. Aussi difficiles qu'hier, ils ont usé toutes leurs institutions locales et nous sont confiés par les juges de France, de Suisse et de Belgique. J'ai aimé cette boutade superbe d'un juge, lors d'un récent placement : « Mon père, pour le dernier jeune que je vous ai confié, je ne vous demandais que l'impossible. Pour celui-ci, je vous demanderai un peu plus... »

Les anciens qui affluent, avec femme et enfants, racontent leur odyssée vieille de deux décennies. Ils admirent les enclos qui se sont multipliés. « Ici, y avait rien avant. » Une colonie de paons peuple de leurs cris et de leur plumage ce lieu vide auparavant. Et là, que ferez-vous ? « Un parc pour autruches », décoche Jo, qui furète partout en écoutant l'histoire de Faucon.

« Vous avez une piscine, s'émerveille un autre ancien. – Non, un vivier », affirme fièrement un des jeunes. Et il invite Richard à pêcher une des quatre cents truites dorées que cet autre « ancêtre » fera cuire le soir au repas.

Je n'ai jamais voulu de piscine. Il y a dans le torrent tout proche des mares naturelles qui, par leur fraîcheur et leur convivialité (les jeunes du village y viennent nombreux), nous empêchent de vivre en circuit fermé. Pas de terrain de foot. Les mêmes jeunes du village nous invitent à des matchs homériques où nous perdons régulièrement. Ces rencontres-là, c'est de l'oxygène indispensable pour l'intégration sociale.

Les nombreuses visites d'anciens m'impressionnent au-delà des mots : « Chérie, dit l'un d'eux à sa femme, c'est ici mon lieu de naissance. »

Les yeux embués d'un autre, dont la parole reste toujours bloquée par une enfance terrifiante, sont éclats de diamant. Les prisonniers, dans leurs lettres, parlent, eux, de leur « morceau de paradis » dans l'enfer de leur vie. Je m'isole toujours après ces rencontres émotionnelles si fortes.

Quand je contemple, le soir, le soleil dorant les pierres de Faucon, je chante un hymne de reconnaissance à Dieu et aux centaines de loubards qui ont bâti cette maison pierre par pierre. Sans oublier les innombrables donateurs dont le prénom est inscrit sur chaque roche que le soleil couchant teint d'ocre et de feu.

Voilà pourquoi je pense que notre action a un sens.

Voilà pourquoi Faucon.

# 2
# ACCUEILLIR

## « Pas de béton ! »

« Pour une ruine, c'est une très belle ruine », m'avait assuré un ami expert. Le vœu des gars et des filles était exaucé : « La baraque, pas en béton ! Les murs seront en pierre. »

Il a fallu tout faire à la main. Le transbordement des tonnes de débris avec des brouettes reste pour les premiers pionniers un souvenir inoubliable.

Eddy, chef de chantier, dur comme le granit et tendre comme un agneau, a su leur donner le dynamisme suffisant, les soutenir dans ce travail éreintant, pour qu'ils n'aient pas la tentation de baisser les bras et d'abandonner. La baraque et les hectares de terrain ont été mis en association loi 1901. N'ayant pas les fonds suffisants pour construire la grande bâtisse de nos rêves, nous avons bâti un ranch un peu plus haut, pour héberger nos « ouvriers »...

La vocation de la bergerie a tout de suite été fixée : accueillir des garçons et des filles de treize à dix-huit ans, dont les juges ne veulent plus. L'histoire d'un des premiers, Jeannot, est exemplaire. Un juge m'appelle : « J'ai mis à Fleury pour la sixième fois le jeune Jeannot... Aucun foyer n'en veut. Délit sur délit. Voulez-vous aller le voir en prison ? Et si vous pensez que ça collera avec vous, prenez-le, je vous le donne... » Courte visite à Fleury. Discussion blasée. « Là ou ailleurs, me dit Jeannot. J'ai fait quatorze centres. Je préfère la rue, mais si tu veux je peux aller voir cette ferme, et je déciderai. » Six mois plus tard, il était complètement intégré. Quelques problèmes au début. Mais un regard neuf, des projets... Il avait trouvé là le relais qu'il attendait sans y croire. Bien sûr, un passage de quinze jours au « 46 », notre permanence parisienne, avait été indispensable pour l'apprivoisement commun. Un ou deux allers et retours à la ferme, le temps de débroussailler des tas de choses en lui-même, de mettre sur pied un projet précis. Plus tard, une famille d'accueil lui a ouvert ses portes. Avec l'argent mis de côté à Faucon, Jeannot a pu louer un studio. La famille d'accueil l'a aidé à trouver du travail. La Bergerie est le relais entre la déroute et l'incertitude parisienne, et l'ancrage dans la vie que le gars ou la fille a choisie...

Depuis vingt-quatre ans, le triptyque de nos actions est resté le même :

– La permanence parisienne dans le XIX^e^ arrondissement ;

– La Bergerie de Faucon où ils vivent de un à deux ans ;

– La famille d'accueil qui les aide à se rescolariser et à trouver une situation stable.

Jamais plus de huit à dix gars et filles à Faucon : une famille. Refus systématique d'y entasser trop de monde. Et puis le capital de sympathie du pays aurait risqué de fondre si un trop grand nombre de jeunes s'était installé dans une région où les vieux sont majoritaires.

**Les nouveaux anges sauvages**

Ils n'arrivent pas le sourire aux lèvres. Ils devinent pourtant très vite que la capacité d'accueil à Faucon, avec son dortoir unique et quelques chambres pour les filles, est restreinte, et que leur admission est un privilège. Mais ils sont prêts, généralement, à prendre leurs jambes à leur cou.

Kévin a vraiment l'air d'un ange.

À croire que l'éducatrice qui me l'a amené pour un premier entretien délire un max sur les méfaits du môme. Agressions, vols, cambriolages pullulent dans le dossier, avec en prime l'humour du policier qui a fait son rapport : il avait cru poursuivre une voiture fantôme, dont il ne voyait pas le conducteur. À treize ans, Kévin, tout petit, avait la tête au ras du volant. D'où les hallucinations policières !

Kévin fait ce qu'il veut, quand il le veut et où il le veut au sein d'une bande de jeunes. Il en est un des chefs très respectés. Pris à plusieurs reprises en flagrant délit avec la bande il endosse tout chaque fois tout seul : « C'est moi qui ai repéré les lieux, fait le cambriolage, assuré le guet, embarqué le matériel et conduit la voiture. »

À chaque délit dont il assume toutes les responsabilités (même si la juge n'est pas dupe), la bande est relâchée. Kévin jouit alors du respect unanime de ses complices qu'il couvre. Il sait parfaitement que lui-même ne risquant pas la détention, il l'évite pour toute l'équipe plus âgée que lui. Malgré son jeune âge, ce juriste distingué s'appuie sur le seul article de la loi qu'il connaisse et qu'il appréhende : « Tant que j'ai pas tué ni violé, jusqu'à seize ans, on ne peut pas me foutre en taule ! »

Il s'est nourri tout petit de l'attrait qu'offre une bande de jeunes, sans freins, sans lois... sinon les leurs.

La juge me le confie.

Le jour du départ pour la Haute-Provence, il jette son sac devant la porte de notre permanence et se barre aussi sec. Son père lui court après : en vain. La suite se perd dans les rues chaudes de mon quartier.

Nous avons enfanté de « nouveaux enfants sauvages » livrés à eux-mêmes, sans aucun repère dans le monde des adultes, et qui construisent à la périphérie de celui-ci des microsociétés avec ses lois, ses comportements et ses règles.

Les juges, ils s'en foutent. Ils haïssent les flics. Les éducateurs ne sont pour eux que des « balances » et des oppresseurs auxquels ils ne reconnaissent aucun droit.

Après avoir jeté ses affaires devant ma porte, Kévin avait eu le temps de cracher sur toutes les institutions de la terre, mais aussi de m'entendre lui jeter : « Fais gaffe, coco, parce que la prochaine fois, c'est en taule qu'on se reverra. » Son doigt pointé dans la direction du ciel m'indiquait clairement ce qu'il pensait de ma prédiction.

... Et il était là devant moi, un mois plus tard, dans une cellule de Fleury-Mérogis.

Plus de doigt obscène tendu. Une gueule renfrognée, et surtout, dans ses yeux, l'espérance de la libération dès qu'il aperçut mon blouson noir. Pas pressé de le faire sortir dans l'immédiat, je l'écoutai me raconter que la prison « c'est cool », qu'il est respecté ici, parce que le plus jeune au passé le plus lourd. En effet, il se comportait en prison comme une star délinquante. Coqueluche des mineurs tous plus âgés que lui, il était la « diva » au dossier judiciaire le plus volumineux de toute la détention juvénile.

Son incarcération avait été provoquée par un incendie volontaire dans une école maternelle où des petits avaient failli brûler vifs.

Inconscient de son acte qui aurait pu provoquer un drame épouvantable, il s'était installé en taule entre sa télévision et le respect dû à son mètre cinquante d'irresponsabilité criminelle.

Et le clash est arrivé. Les surveillants ne lui portaient, à lui pas plus qu'aux autres mineurs, le respect qu'il attendait de la terre entière pour ses « actes de bravoure ». Stricts et humains, ils n'ont pu cependant tolérer les insultes que Kévin déversa un jour sur eux, après avoir refusé de se plier au règlement. Les trois jours de mitard qui sanctionnèrent son comportement lui ouvrirent soudainement les yeux.

Il appelle au secours. La prison n'était plus « cool ». Il supplie qu'on le sorte de là. Deux mois étaient passés. La juge ayant estimé suffisante son incarcération, je suis devant la porte de Fleury pour réceptionner le « petit Mesrine », surnom qu'il affectionne et dont je me garderai bien de le gratifier.

La neige tombe, le froid est glacial. Kévin a le teint blafard de ceux qui préfèrent rester dans leur cellule, les yeux rivés sur leur télé, plutôt que de respirer le bol d'air frais qui leur est accordé dans la cour.

On monte dans ma voiture. Portières bloquées, je fonce à l'aéroport. À son ordre : « Je veux faire un tour chez moi », ma réponse est claire : « La juge te l'interdit pour l'instant. » Mutisme total jusqu'à l'avion. Je demande discrètement au commandant de bord s'il peut faire visiter à Kévin la cabine de pilotage. Pour la première fois, je distingue sur le visage tendu de Kévin l'émerveillement. Le commandant, chaleureux, répond aux questions du gosse passionné par les multiples boutons lumineux. Malicieusement, il ajoute : « Tu vois, Kévin, Fleury-Mérogis, c'est au loin sur ta droite. »

Retourné à son siège, Kévin consent à desserrer les dents. « Où est-ce que je vais ? – À la Bergerie de Provence, comme la juge te l'a dit. » À ce moment, j'ai droit à la liste de ses refus et de ses revendications – que j'attendais impatiemment : « J'aime pas travailler. Le purin des vaches, ça me fait dégueuler. J'aime pas la campagne et les paysans. De toute façon, je me barrerai dès l'arrivée. »

Inutile de l'affronter sur ce lieu inconnu de lui et dont je connais la magie.

On arrive à Faucon. Le regard inquiet mais soudain intéressé, Kévin monte mettre son sac au dortoir. Je l'accompagne ensuite pour la visite rituelle de la ferme. Il regarde chaque bête avec curiosité. Je le confie à un de mes adjoints.

Deux heures après, je le vois, un seau à la main, en train d'apprendre à nourrir les autruches.

Rien n'est acquis.

L'aventure commence. L'extraordinaire possibilité de notre bergerie, créée il y a vingt-deux ans par eux et pour eux, est qu'ils peuvent dès l'arrivée à la ferme, quel que soit le jour de la semaine, participer à ce qui les intéresse. Et tout de suite. Aucun jeune n'a échappé à la magie des animaux, qui les attendent paisiblement – éducateurs hors pair qui ne le sauront jamais.

Kévin s'avère dès les premiers jours un travailleur remarquable : précis, minutieux, ardent à la tâche. Il ne tolère pas un travail bâclé et mal fini. J'ai pu le constater moi-même à chaque séjour. Le voir brosser Edelweiss, notre jument, tient de l'œuvre d'art. Ludo, notre compagnon spécialiste des chevaux, n'en revient pas : « Edelweiss brille comme un miroir. » Le brossage fini, Kévin monte ensuite sa jument préférée et je le vois disparaître, minuscule bonhomme, dompté par la plus noble conquête de l'homme qui, elle aussi, a eu le coup de foudre pour l'« ex-petit Mesrine ».

Ses mains expertes à démonter les serrures ou à trafiquer les fils afin de faire démarrer les voitures volées apprennent enfin à travailler. Il n'a plus peur des flics, plus peur d'être balancé par les copains. Kévin participe à une autre aventure, dure parfois, drôle aussi, selon son imagination fantaisiste et créatrice.

J'ai une passion irrésistible pour les sangliers, mes animaux préférés. Kévin est, comme tous les mômes, intrigué par l'énormité du superbe mâle, « Fernand ». Fantasque et tendre, gourmande et impressionnante, la bête fascine

Kévin. Je la sors dans le grand parc, Kévin sur mes talons. Je surveille du coin de l'œil Fernand qui me suit, ravi de humer l'herbe fraîche et les premiers perce-neige. D'un seul coup la charge symbolique que j'attendais survient. De joie, Fernand fonce sur nous avec des grognements de plaisir. Kévin, affolé, détale comme un lapin. Je n'ai jamais vu, hormis les écureuils, un jeune monter dans un arbre avec une telle rapidité !

Je suis plié en deux de rire.

Fernand a fait un brusque arrêt sur mes « Nike », comme je m'y attendais. Avec moi il regarde, perplexe, le gosse terrorisé juché sur la plus haute branche du pin.

Trois jours après, j'ai surpris Kévin caressant l'énorme bête.

Au cours d'un de mes séjours, je me reposais dans l'herbe, profitant du soleil de fin d'hiver qui caressait mes vieux os. Et je vois passer Kévin, « tiré » à la laisse par le plus petit des sangliers ! Le gosse avait eu l'idée géniale de sortir le marcassin de son enclos minuscule. Ayant trouvé inadmissible qu'il soit ainsi « incarcéré », il avait décidé de le faire bénéficier d'une « liberté provisoire ». Le marcassin tirant Kévin, on pense déjà aux truffes possibles que le cochon sauvage ne manquera pas de détecter à la saison prochaine.

Les premiers jours, la voix de Kévin ne retentit brièvement que pour le strict essentiel. Son mutisme n'est pas alarmant. Bien au contraire, il est le signe que le petit loubard prend ses marques, surveille tout, fouine dans tous les recoins et respecte les règles sans sourciller. Avec le désir de s'affirmer brutalement un jour, en pissant sur ces mêmes règles... pour voir.

Il a très vite vu.

Au cours d'un incident, mineur d'abord et qui dégénéra, entre lui et un autre jeune, un de mes compagnons intervient. Thierry, un mètre quatre-vingts de muscles et de tendresse humaine, ayant osé s'interposer, a droit à cette menace juvénile clairement lancée à la cantonade : « Premièrement, tu ne me parles pas. Et la prochaine fois, je te rentre dedans. » Les quarante kilos de Kévin n'impressionnaient pas Thierry. Mais, doux et ennemi de toute violence, il pensait régler cette affaire par la diplomatie.

Averti immédiatement, je demandai que le soir même, à la réunion de fin de repas, Thierry exige les excuses de l'offenseur. Et si elles lui étaient refusées, qu'il le secoue comme un prunier. Ce qui fut fait. Insolent et récidivant ses menaces, Kévin se retrouve à terre dans la seconde. Il crache là ses excuses. Thierry découvrait pour la première fois les vertus d'un acte violent, mais absolument éducatif. Il eut l'humour de me dire : « Excuse-moi, Guy, je ne l'ai pas secoué comme un prunier, mais comme un palmier. » Kévin est en effet d'origine maghrébine !

Si les mots ou les gestes de nos jeunes sont violents, nous adultes avons mille raisons d'en comprendre l'origine. Mais, devant leur comportement agressif, insultant, voire dangereux, nous ne pouvons parfois que répondre à leur violence par la violence. J'en ai vu les fruits avec Thierry et Kévin. Un respect mutuel les lie maintenant. Depuis deux mois, Kévin n'a pas eu un seul mot déplacé vis-à-vis de mes compagnons.

Jacques Toubon, ministre de la Justice, m'a invité dernièrement à visionner le film *L'Éducatrice* avec un aréopage de directeurs, présidents, députés et autres grosses légumes de l'éducation surveillée, de la pénitentiaire et de la police.

Ce film n'était qu'un prétexte pour le ministre qui voulait nous présenter une nouvelle structure, apte à accueillir des jeunes mineurs multirécidivistes.

En gros, il s'agira de petites structures fermées d'abord, et puis ouvertes peu à peu. Appelées « unités à encadrement éducatif renforcé », elles seront au nombre de vingt-six, implantées prioritairement dans les grandes agglomérations urbaines. Elles permettront à des jeunes comme Kévin de stopper une escalade catastrophique, avant qu'ils ne tuent un soir une bonne vieille ou qu'ils violent en groupe une fille égarée dans leur quartier. Ces établissements, qui ne recevront qu'un nombre restreint de jeunes (huit au plus), seront gérés par des équipes d'éducateurs fortement motivés, et pourront assumer une présence et une attention plus soutenues nécessitées par les jeunes très difficiles, mais peu nombreux.

Le ministre refuse la prison pour ces jeunes de treize ans, car elle s'avère catastrophique. Mais il n'accepte plus, comme un certain nombre de juges et d'éducateurs, de n'avoir à offrir à des délinquants d'une dangerosité extrême pour eux et les autres que des placements ouverts. Placements qu'ils refuseront automatiquement, ou bien d'où ils fugueront dès leur arrivée.

J'ai cité le cas de Kévin naviguant dans un océan de merde. Rien ne semble pouvoir arrêter son parcours de violence. Pour l'instant, il tient le coup dans notre Lieu de Vie. Mais s'il fugue, qui l'empêchera de poursuivre son itinéraire vers l'abîme ? Personne. Cette structure précisément l'aidera (au début par la force) à réfléchir et, s'il tient le coup, à se diriger vers le placement et la formation de son choix.

Les critiques ne manqueront pas contre Jacques Toubon. Et cette structure ne sera pas parfaite.

Quand un ministre a des idées qui répondent à un besoin, mieux vaut ne pas lui refuser de donner les moyens aux juges et aux éducateurs de pouvoir dire à des chérubins multirécidivistes : « Non, ça suffit. » Sinon, nous serions gravement complices des pièges mortels où nous continuons d'enfermer ces jeunes et leurs victimes.

En fin d'échange, j'ai aimé qu'un juge pour enfants signale au ministre que, depuis près de trente ans, des Lieux de Vie ont sauvé tant de jeunes en péril en leur proposant de vivre hors de leur quartier de perdition.

Ce que j'aurais voulu ajouter, le débat se prolongeant tard, c'est ceci : combien de ces Lieux de Vie ont disparu faute de financement suffisant de l'État, qui, pourtant, en connaissait la valeur et les excellents résultats ? Combien de travailleurs de l'ombre ont donné tout leur temps, et leur paie parfois, pour sauver ce qui pouvait l'être ?

Puisse cette nouvelle structure, certainement appelée à être très médiatisée, ne pas absorber toutes les ressources financières au risque de ronger les budgets des Lieux de Vie de ceux et celles qui rament durement, comme nous, depuis tant d'années.

Il y a un mois, la première permission de Kévin (quelques heures) s'est bellement passée. J'étais avec lui dans sa famille. Donc, aucun risque de fugue. Mais dès le lendemain, il était vraiment heureux de retrouver les copains et les animaux.

Il y a trois jours, lors de sa dernière permission en famille, avec l'accord de sa juge, je l'ai seulement fait accompagner par un de mes adjoints arabes. Il était convenu que Noureddine irait le rechercher huit jours plus tard, après un bon couscous familial où Kévin m'avait convié. À revoir sa tronche, j'ai bien senti que le retour à la Bergerie, le lendemain, ne serait pas évident. « Rendez-vous demain, Kévin, à quatorze heures à la permanence. – J'y serai. »

Il est venu, mais pour me dire qu'il ne voulait plus repartir. Je l'ai remercié d'avoir tenu parole. Mais je n'ai rien fait pour le retenir. C'est le cœur serré que je l'ai vu se perdre une nouvelle fois dans les rues du XIXe. Le froid dans le dos, je me souviens qu'après l'excellent couscous de la veille au soir, j'ai rencontré tard dans la nuit des jeunes adolescents et quelques adultes adossés devant l'immeuble où habite Kévin. Me reconnaissant, ils m'ont interpellé notamment pour que j'aille voir à Fleury trois des jeunes mineurs du quartier inculpés de meurtre…

Dans la nuit, à trente mètres, cinq autres jeunes sont descendus d'une puissante BMW.

Quand Kévin a quitté Paris, il m'a dit avoir rendez-vous pour « affaires ». Sans doute des affaires liées au trafic de la drogue, qui permet à ses copains de rouler carrosse dans la rutilante bagnole. Je l'attends de pied ferme, gardant dans mon cœur et ma mémoire seulement sa part de cristal – c'est-à-dire son rire éclatant, sa faconde, son sens du travail et son regard d'enfant. Enfant qu'il était redevenu l'espace de deux mois.

Rien n'est acquis.

La structure du ministre, répressive et éducative à la fois, n'est pas encore opérationnelle...

La juge et son équipe vont tout tenter pour récupérer Kévin, et nous le ramener.

Mais Dieu n'est-Il pas, au-delà de notre travail social, Celui qui portera Kévin au-dessus des ombres qui l'ont repris ?

Il est, Lui, le maître de l'impossible.

**José**

José arrive avec son éducateur à la permanence parisienne. Il se blottit dans un coin. Je ne lui demande rien, sauf s'il veut rester avec moi. Ne sachant où aller, vidé de partout, il ne peut que me jeter, comme Jeannot : « Là ou ailleurs, je m'en fous. » Le soir, on va au restaurant pour fêter son arrivée. Il n'oubliera jamais ce premier accueil. Il se sent honoré. Chez nous, le nouvel arrivant est prioritaire. Combien m'ont dit comment, dès le jour de leur arrivée, dans maintes institutions, ils avaient dû s'imposer à coups de poing ! Ou le nouveau agressait les autres pour faire sa place. Ou les autres l'agressaient pour lui signifier qu'il était le dernier de tous. Fragilisé comme on l'est toujours par l'entrée dans une équipe, il garde en mémoire cet accueil personnalisé chez nous. Et je n'oublie jamais de rappeler à l'ancien, qui parfois veut jouer les gros bras vis-à-vis du nouveau, la façon dont lui-même a été accueilli.

Souvent aussi, j'emmène d'emblée le gars participer à une conférence durant le week-end. Il me voit sur scène devant la foule habituelle. Il regarde avec la plus grande attention le montage audiovisuel qui a pour thème « Des jeunes dans la rue, pourquoi ? ». Son bref commentaire est toujours le même. « Tu as dit là ce que je vis. » Il me suit de conférence de presse en salle de conférences et ne manque pas d'assister au fond de l'église à la messe dominicale. Curiosité de savoir à qui il a affaire dans toutes les dimensions.

Et c'est le départ pour la Provence. Là encore, il n'a pas le choix. Mais le film l'a renseigné sur ce qu'il verra et fera. Bain total dans la nature. Travail avec les bêtes. Partage de toutes les corvées. Il fera les menus, la cuisine, la vaisselle et se prendra totalement en charge. Ce sont les bases de sa nouvelle vie.

Un compagnon – c'est-à-dire un cœur, une épaule, deux oreilles, une voix – pour un jeune : c'est, à notre sens, le minimum. Parfois, pour certains, il en faudrait deux. Nos finances ne le permettent pas. La disponibilité totale des adultes à son service est nouvelle pour lui. Très vite il comprendra surtout que je resterai là, avec mon équipe, le temps qu'il faut. L'insécurité et le désarroi dans lesquels il baignait font place à un début de sécurité qui ira en s'amplifiant.

## L'échec, mon quotidien...

Aller jusqu'au bout de l'échec. L'échec, je vis dedans. Je ne m'y installe jamais, mais je vis dedans. C'est mon quotidien.

Le jeune qui arrive à Faucon a un passé fait de désastres très importants et successifs. Il s'y est installé. J'ai accepté sans le vouloir au début, et en le voulant absolument depuis longtemps, de le prendre en charge avec cette réalité-là.

« Je suis un pauvre con » ; « Personne ne me changera » ; « Inutile d'essayer avec moi, aucun éducateur n'a réussi » : « Mon avenir c'est de la merde » ; « De toute façon, tu te casseras les dents pour m'aider à m'en sortir ». Ce catastrophisme des jeunes dont j'ai la charge doit être écouté dès le premier contact.

Je ne commente jamais la profondeur des précipices qu'ils me décrivent plus ou moins complaisamment. La suite est toujours éclairante. Il n'y a pas d'éducateurs miracle. Il y a seulement des éducateurs qui veulent aller jusqu'au bout d'une personne. C'est la seule façon d'éclairer d'un jour nouveau, par la confiance et la durée offertes, les abords des failles où ils se précipitent. Et de les leur faire éviter souvent.

Les rechutes arrivent évidemment ; parfois répétitives ; souvent imprévisibles.

Mon exigence, elle tient en une phrase : « Jusqu'au bout ». Quand majeur, la DDASS laisse tomber un jeune, il ne sait plus à quelle porte frapper. Sauf à la mienne. J'en ai connu, des gars et des filles qui sortaient de Faucon, et qui, vingt ans après, se retrouvaient dans la rue ou à se prostituer sur les trottoirs parisiens. Quand l'un d'eux me revient, je le reprends. C'est-à-dire que mon engagement est kamikaze. Que je dois faire face financièrement et affectivement au retour de mes gosses, s'ils reviennent. Je me souviens de Jean-Claude, à qui la Bergerie avait fait tant de bien. Deux ans plus tard, sa femme, enceinte, décide de se faire avorter et lui dit : « Casse-toi. » Au bord du suicide, il me rappelle. Je suis là. On se connaît, on se reconnaît.

Idem pour Eric, que j'avais perdu de vue depuis sept ans. Il avait quatre enfants. Sa femme avait monté une petite entreprise. Faillite. Huissiers. Qui aurait pu leur donner les dix mille francs nécessaires aux frais judiciaires entraînés par leur faillite en dehors de nous ?

Aujourd'hui, c'est de plus en plus dur. Après Faucon, les mecs ne retrouvent pas forcément de travail pour payer leur foyer, leur permis de conduire, nourrir leurs gosses. Les éducateurs passent dans leur vie et puis s'en vont. Moi, je suis là. En cas de pépin, ils le savent, je les attends. Ils ne partent jamais de chez nous, sans permis, ni un petit studio et un travail qu'ils trouvent eux-mêmes. Gros budget que je tente d'assumer.

## Des Attilas en herbe

Dès l'arrivée des premiers « pionniers », faune et flore disparaissent dans un rayon de deux cents mètres. Les poules se planquent, les lézards se terrent. Déchaînés, les nouveaux-venus s'en prennent d'abord à la malheureuse volaille, dont les plumes s'éparpillent au gré du vent. Le coq se révèle le plus menacé. On l'a retrouvé deux ou trois fois assommé. Il a survécu à ce rude traitement. Quant à Anémone, la première truie baptisée ainsi (allez savoir pourquoi), elle n'accepte pas *a priori* le traitement de choc. Quand les hordes successives vont la visiter, elle se rebiffe et parfois saute par-dessus la porte, à la terreur des Attilas en herbe qui, adorant cette résistance, après s'être repliés en hurlant, reviennent à la charge.

Un jour, le chevrier m'annonce tragiquement que la récolte de lait a baissé de cinquante pour cent la première semaine. Pourtant, impossible de nier que certains sont très doués pour traire les chèvres. Mais en y regardant de plus près, je découvre qu'ils se servent du pis des biques comme arme offensive pour envoyer une giclée de lait dans l'œil de leur voisin. Les deux trajectoires lactées sont fort peu appréciées des chèvres qui, ruant dans le seau, renvoient au lendemain la possibilité de faire du fromage. À cela s'ajoutent les rires, les cris. Quand on sait les habitudes de silence et de paix que ces ruminants exigent en temps ordinaire, on comprend la baisse subite de la précieuse source de revenu.

Les premiers jours sont rudes aussi bien pour le bétail que pour les belligérants qui, souvent, s'adonnent entre eux à des agressions après lesquelles plaies et bosses fleurissent aussi vite que les réconciliations sont rapides – et éphémères.

La horde parisienne, au bout de huit jours, s'apaise. Non pour faire un bilan, mais faute de combattants, si je puis dire. La razzia systématique, et surtout un début d'accoutumance à un paysage, aux animaux, au temps, permettent un changement d'attitude. Ils commencent enfin à apprécier, à sentir, à regarder autour d'eux. Il faudra, à chaque fournée de petits qu'on aura amenée l'été en Provence, tolérer ces moments intenses de destruction (qui se font bien sûr dès qu'on a le dos tourné) pour qu'ils découvrent d'eux-mêmes qu'à la violence de la ville succède une autre violence pacifique, celle d'une merveilleuse nature, embaumée, fleurie, vivante.

Très vite, certains se révèlent d'excellents spécialistes. Thomas, dix ans, qui, à la suite d'une déformation du pied, s'étale toutes les quatre secondes, n'a pas eu besoin dans ces conditions de s'allonger souvent à terre pour apprécier très vite mille formes de cailloux. Il aimait la terre et ses prodigieux trésors, surtout les fossiles qui envahissaient un peu trop lourdement sa valise au départ. Mais quelle joie de le découvrir penché de longues minutes sur un étrange caillou, contemplé, répertorié, et ensuite passé de main en main pour une contemplation commune.

Ils sont laissés à leur inspiration qui, bien sûr, n'est jamais prise en défaut. Inspiration suivie discrètement par les éducateurs qui les accompagnent. Leurs projets sont les nôtres, et tout ce qui peut sortir de bon de ces petites têtes parisiennes est immédiatement suivi d'effet.

Les récoltes d'escargots sont fort courues, ce qui nous a valu une solide algarade avec les villageois lorsqu'ils s'aperçurent que certains ramassaient des escargots dans le cimetière. Ce n'étaient pas tant les tombes par-dessus lesquelles les gars se déplaçaient à grande vitesse, sans crainte ni respect, qui faisaient l'objet du scandale, mais la superstition qui veut que les escargots, je l'ai appris ce jour-là, soient intouchables dans les limites d'un cimetière. Les jeunes s'en régalèrent sans souci de l'effroyable effet (promis par certains villageois) qui allait suivre la digestion de ces savoureux mollusques.

Je reverrai toujours le petit Thierry, dix ans, grimper à l'assaut du haut tabouret, et s'asseoir au comptoir du bar du village, mi-sérieux, mi-rieur, commander à la vieille Élise un tonitruant

« whisky coca ». La femme faillit en perdre le souffle. Je revois aussi nos gamines dansant autour de la boîte à musique un solide et strict jerk qui laissait pantois les vieux du village, suspendant quelques minutes leur éternel jeu de cartes pour regarder ces corps d'enfants évoluer dans un rythme précis et remarquablement soutenu.

### « Il faut juger Kiki »

Les habitudes parisiennes ne s'éradiquent pas en vingt-quatre heures. Depuis quelques jours, des gars s'apercevaient que la ferraille monétaire en réserve au fond de leur blue-jean s'évaporait. Ça pouvait être mis sur le compte de leurs ébats multiples. Mais la nuit étant leur seul moment d'immobilité, il semblait étonnant, l'aube se pointant, que leur argent ait disparu à ce moment-là. Ils cherchèrent, enquêtèrent, et prirent Kiki la main dans le sac.

Le repas qui suivit fut houleux. Et puis l'un d'eux lança : « Il faut juger Kiki. » Aussitôt dit, aussitôt fait. Le dessert englouti, la bande se rassembla dans une chambre de la ferme. Trouver un avocat fut plus que facile : dix se présentèrent. Je fus commis d'office comme juge, présidant la séance. Je choisis deux assesseurs. L'avocat général mit du temps à accepter de défendre cette société enfantine contre l'un d'entre eux.

Kiki fut présenté à la cour. Je commençai très brièvement l'interrogatoire. Je posai la question fondamentale : « Combien de copains et de copines as-tu volés ? » Atterrée, la cour improvisée entendit Kiki dire ces deux mots : « Presque tous. » Le banc des avocats n'eut plus la même fougue pour trouver des circonstances atténuantes devant cette razzia systématique des fonds de poche, dont chacun avait été victime.

Enfin la sentence tomba : « Impossible de tout rembourser, tu n'aurais plus de sous pour ce camp et tu aurais la tentation de repiquer. Mais si tu recommences, la peine sera dure car on a confiance en toi, et ça, ça ne se trahit pas. » La cour entière se porta garante de Kiki pour, sans le surveiller, l'aider à ne plus piquer.

Le 1er mai 1975, jour où Christophe, jouant sur les toits de la rue de l'Ourcq, se tua dix mètres plus bas, j'ai promis en l'enterrant de nous lancer avec l'équipe au service des plus petits. Pendant quatre ans, nos camps furent centrés sur ce monde des huit-treize ans, turbulents, violents, agressifs mais à la prodigieuse humanité. Ils sont presque tous fils ou frères des gars en prison ou dans les rues du quartier. Quelque chose a changé dans ce quartier depuis. Une action continue après les camps, petite, humble, mais qui laisse bien présager de l'avenir.

## Notre objectif

La pauvreté est injuste, inhumaine. La démission des parents, la pauvreté matérielle, le chômage qui ont conduit en prison de multiples fois les jeunes avec qui nous vivons, la combinaison de tout ça, c'est l'injustice absolue.

Combien de fois, en les regardant, je me prends à rêver leur naissance dans un milieu normal, chaud et confortable ! Jamais alors ils n'auraient eu ce dégoût de la vie, cette violence qui durcit leurs traits, ce comportement difficile et cette désespérance qui me vrillent le cœur.

Inhumaines, ces vies de pauvres qui, à seize ans, dans de multiples centres, avec d'innombrables éducateurs, ne désirent qu'une chose : s'accrocher à quelqu'un. Ils ne rêvent que d'être, enfin, quelqu'un pour quelqu'un. Rêve jusque-là irréalisable. La pauvreté, comme la richesse, est l'expression d'une société malade.

Seules la justice et la fraternité sont les deux fruits d'une société humaine et juste.

Juste si chacun peut participer à la construction d'une vie sociale plus humaine.

Juste si elle offre à chacun sa chance.

Juste si notre diversité est reconnue.

Juste si on encourage tout ce qui va vers le haut.

C'est notre objectif à Faucon.

**Petit à petit...**

Je les vois, les uns après les autres, arriver à la ferme de Haute-Provence. Paumés, enfermés encore derrière les grilles qui viennent juste de s'ouvrir, ils ne pensent qu'à eux : « Mon fric, mes affaires. » La prison a cassé ce que la rue et la bande avaient construit de meilleur. Ils nous suivent avec, en eux, les traces toutes fraîches d'une détention qu'ils connaissent parfois, pour notre honte, depuis l'âge de treize ans.

C'est petit à petit qu'ils changent. Au début, pris par l'euphorie de leur neuve liberté, ils se coulent très vite dans des gestes faciles, face à des bêtes qu'ils n'ont jamais vues et qui les attirent. Il y a la vache à traire, la litière du veau à faire, les chevreaux à allaiter, les sangliers à nourrir, les poules à rentrer et les mille travaux d'une ferme. Et puis, ça coince. Nous sommes d'une grande exigence au sujet des bêtes, qui se révèlent des éducatrices hors pair. À cause d'elles : lever tôt, repas à la même heure, nourriture très précise et propreté méticuleuse. C'est long, très long, de leur apprendre qu'entrer en hurlant dans l'enclos des moutons n'est pas la meilleure façon de les rassembler et qu'on ne bouscule pas une oie qui couve. L'âne, ils le peuvent. Il a une mémoire d'éléphant. Et il sait rendre coup pour coup. Pattes et dents sont faites pour ça...

C'est dur de les rappeler à l'ordre tant de fois avant qu'ils apprennent et, surtout, aiment qu'une salle à manger soit un lieu de rencontre où on se regarde et où on se parle, et non pas un ring ou une salle de concert.

**« À la douche ! »**

Les gros bras de seize ans cassent assez d'outils dès leur arrivée à la Bergerie pour en faire dans des siècles le plus grand musée archéologique de l'histoire de l'outil ! L'arrivée de plus jeunes est une nouveauté assez récente. Elle apporte à notre communauté une fraîcheur nouvelle et bouscule nos habitudes. J'ai admiré très vite la solidarité des plus âgés vis-à-vis des enfants turbulents qui débarquent. S'occuper des petits est pour des adolescents un des moyens les plus sûrs de les aider à ne pas se refermer sur eux. S'impose à eux la présence forte de ces gosses juste surgis de l'enfance. Bruyants, jouant en travaillant, ils créent une atmosphère particulière, chaleureuse, peuplée de cris, de rires et de fantaisie. Et bien sûr, des rythmes, des loisirs et des horaires différents.

J'admire Noureddine s'occupant avec une constance jamais démentie de Momo : « Va te laver les mains ! Tu pues ! Fonce à la douche. » « Ton linge sale, ça ne se met pas sous le lit. » « Arrête d'emmerder les chiens. » Incontestablement, l'autorité naturelle de Noureddine vaut largement la nôtre.

Avec les animaux, qui ne sont aux yeux des petits que des sangliers en peluche ou des chevaux de bois, il nous faut être vigilants compte tenu de leur approche pas très facile. Ils ne sont pas toujours prudents. On veille au grain.

Vigilance parfois déjouée ! Momo, qui touche à tout, débouche le filtre du vivier une fois le bassin nettoyé. Personne ne s'en est aperçu. Heureusement qu'un compagnon perspicace est allé quelques heures plus tard vérifier si le bassin se remplissait. Les centaines de truites s'étaient échappées dans une petite mare. De retour dans le vivier, cent quatre-vingt-trois seront retrouvées le lendemain le ventre en l'air. Si nous avions un jour compté sur la production et l'efficacité matérielles, on aurait depuis belle lurette mis la clef sous la porte de la Bergerie. Les quatre portes sans serrure sont la preuve que Faucon restera toujours ouvert aux quatre vents de la gratuité, de la solidarité, de l'espérance et de l'Amour.

## Profession : voleur

« C'est à la DDASS de me donner tout ce que je lui demande », me disait Pierrot, enfant de la DDASS depuis ses premiers jours. À seize ans, tombant dans nos pattes, il était le cauchemar des inspecteurs de l'organisme d'État. Il assaillait les bureaux, exigeait, réclamait. Très vite, j'ai mis un frein à ses revendications. « OK, c'est la DDASS qui te prend en charge. Tu as 250 francs d'argent de poche par mois et 250 francs pour l'habillement. Le reste, c'est à nous de le gérer avec toi, pour ton bien-être, c'est-à-dire pour ta bouffe, ton logement, ta santé et ton éducation de base. Tu as le droit de dire ce que tu penses et tu vas où tu veux avec notre accord. De toute façon, on sera avec toi. »

À partir de dix-sept ans, ceux qui acceptent de travailler huit heures par jour peuvent gagner 1 500 francs par mois, ce qui correspond au SMIC, compte tenu du fait qu'ils sont nourris et logés. Ils se constituent une cagnotte, avec laquelle ils partent, tout fiers, chez leurs parents, s'ils en ont. Ils assument leur permis de conduire. C'est moi qui décide de la paie. En cas de contestation, on discute ferme.

Mais imaginez le pedigree moyen du jeune que nous recevons et aidons. Avec un culot triomphant, un de ceux que je défendais répondit à la présidente du tribunal qui s'inquiétait de son avenir : « Ma profession ? Voleur… »

Le juge ne pouvait imaginer que ce gars de seize ans m'avait confié un jour qu'il avait volé déjà plus de vingt millions d'anciens francs… nets d'impôts. Il tenait soigneusement dans un carnet secret (et à un centime près) le compte de ses méfaits. Pour la petite histoire, il est comptable maintenant. Son patron m'a assuré qu'il n'en avait jamais trouvé d'aussi scrupuleux.

Imaginez également combien peuvent leur paraître dérisoires leurs 250 francs d'argent de poche, quand, depuis des années, ils ont mené grande vie, grand train. Sans économiser. Quand l'argent volé leur brûle les mains, je garde dans la tourmente où leur jeune vie est emportée au moins un motif d'espérance : ils reconnaissent sans se le dire que tout ce qui n'est pas acquis à la sueur de leur front n'a aucune valeur.

## Aide-toi toi-même, avec nous

Un pauvre qui ne pense qu'à être riche est aussi puant que celui qu'il jalouse. Un riche qui ne partage pas quelque chose de la pauvreté de celui qu'il veut aider restera toujours égoïste, fermé sur lui-même. Quand on ne donne que son superflu, tout don n'est que de la merde.

Tant que ceux qui possèdent, qui savent et qui ont le pouvoir, décideront pour ceux qui n'ont rien, ne sont rien et n'ont aucun pouvoir, les pauvres de la terre le resteront.

Les opprimés se libéreront par eux-mêmes. Leur libération ne doit partir que d'eux. Elle ne sera efficace que si elle est conduite par les exclus eux-mêmes.

Nous ne sommes, nous, que leurs alliés

possibles, restant à leurs côtés pour qu'ils mènent à bien leur libération. Ce que je dis est valable pour les jeunes de la rue comme pour les prisonniers. De multiples gestes se font au service de ces derniers. Mais je leur répète de prison en prison, en allant les visiter : « Votre dignité, c'est vous et vous seuls qui la gagnerez ! »

**Ce sont des prophètes**

Dans la rue, j'ai découvert une immense et merveilleuse humanité. Ce sont des vivants, les jeunes de la rue. Solidaires dans leur souffrance et dans leur exclusion, ils m'ont fait découvrir des valeurs incomparables de solidarité, de coude à coude.

Ils s'aident, ils ont une force de résistance et une capacité créatrice inexploitées. Ils ont une culture, une langue, un sens aigu de l'autre, un regard très perspicace et pénétrant qui les aident, dans les situations difficiles, à trouver les réponses qui les sortiront de l'ornière.

À partir du moment où on les a fichés comme délinquants, nous pensons qu'ils ne sont rien et n'ont rien à nous apprendre. Alors qu'en réalité, en vivant avec eux, chaque jour, à la Bergerie, on découvre qu'ils sont, à leur manière, comme des prophètes. De façon négative, mais prophètes par leur manière de nous alerter sur l'avenir de la société. Ces jeunes la défient en allant plus loin qu'elle dans la course effrénée au fric, dans le chacun pour soi. La seule différence, c'est qu'ils ne thésaurisent pas. Ils grillent tout et jouent au riche... l'espace d'un moment, jouissant dans la minute qui vient de tous les plaisirs que donne la puissance de l'argent... en n'oubliant pas leurs copains de misère avec qui tout est partagé. Quitte, le lendemain, à se retrouver dans la rue avec pas même vingt francs en poche pour l'achat d'un casse-croûte.

Je répète partout aux gens qui me valorisent : « Ce que je suis, je le leur dois. » Leurs valeurs sont passées en moi. Je pense qu'aucun peuple auquel l'Église m'aurait confié n'aurait pu m'apporter autant. Pourquoi ? Parce qu'ils sont en France les plus pauvres parmi les plus pauvres. Et qu'ils sont ma force. En trente ans, je ne me suis appuyé que sur eux. Ma force, je la tiens de Jésus-Christ bien sûr, mais Jésus-Christ passant par eux.

## Christian

Une figure hante mon souvenir des premières années de l'aventure en Haute-Provence. Christian. Je ne le disais pas, je ne le montrais pas, mais qui l'ignorait ? Une attitude fugitive. Sa façon de marcher. S'il n'était pas mon fils, il éveillait en moi depuis huit ans des fibres toutes paternelles.

Depuis six ans, mon neveu Christian était de tous les camps. L'été, depuis deux ans, il allait dans la ferme de Haute-Provence garder les chèvres. Il avait un sens aigu des responsabilités. Il voulait avaler vite les années pour remplacer son père décédé auprès de ses six frères et sœurs. Il gagnait en trois mois son argent de poche de toute l'année. Je l'avais laissé avec son frère après le dernier camp d'août 1977, le temps de ramener les jeunes à Paris. Ils préféraient rester tous deux à la ferme, pour terminer leur travail de chevriers. Je devais les retrouver trois jours après, et passer la semaine avec eux. Pour Christian, le rendez-vous était celui de l'éternité.

Sur le point de le rejoindre, je mangeais un soir chez un gars à Paris, quand on vint m'annoncer la nouvelle : « Christian a été pris par un tourbillon dans les gorges. » Je connais depuis longtemps le Verdon. Je sus tout de suite que c'était l'irréparable.

Sauter dans le premier train et foncer avertir la mère et la sœur aînée qui se trouvaient dans le Sud fut la première étape affreuse de ce calvaire. Et puis, avec elles et les petits accourus du fond de la Bretagne, aidé de plusieurs gars qui avaient tenu à foncer les chercher, aller sur les lieux et attendre. Attendre que le Verdon rende les deux corps (le guide avait été pris avec Christian). Deux jours après, les cadavres étaient repérés. Aller les chercher en bas, les remonter lentement, fut à la fois terrible et réconfortant, car les bénévoles étaient descendus nombreux pour se relayer auprès des corps.

Après avoir demandé aux porteurs de faire halte, lentement, je traçai le signe de la croix sur le visage glacé qui gardait par-delà la mort une expression poignante d'étonnement.

L'église de La Palud-sur-Verdon voulut les accueillir. Sans cercueil encore, ils furent allongés sur une table. Ce fut une veillée funèbre à nulle autre pareille. Le village entier vint, du plus petit habitant au plus ancien, apporter une fleur, un mot de sympathie, quelques sous, une présence.

Christian était d'une stupéfiante beauté. L'eau glacée du torrent avait laissé intact un léger sourire, une moue désabusée qui lui était habituelle.

Le cœur broyé, sa mère et moi, nous ne pouvions nous détacher de ce visage qui éclatait d'innocence, de jeunesse, de paix.

L'enterrement à Rougon fut d'une grandeur dont seul peut témoigner un village aux routes sans issue, mais aux traditions de simplicité et de partage inégalées. Il a été porté en terre dans le cimetière de Rougon.

Pour moi, la dernière prière faite, la dernière fleur lancée sur le cercueil de bois blanc, j'ai senti une force nouvelle me saisir pour continuer ma tâche.

Christian avait su, à travers six ans de camps

avec moi, acquérir l'estime et l'amitié unanimes des mecs. Il avait su vivre auprès d'eux, sans être en rien atteint par leur délinquance, mais en cherchant et en trouvant en eux ce qui était le meilleur.

À travers l'extraordinaire solidarité des gars et des filles (certains accourus de Paris), nous avons bien compris combien ils l'avaient aimé. Christian reste pour nous le ciment qui consolide ce que nous avons construit sur cette montagne. Sa mort, terrible pour la mère, ses proches et moi-même, a déjà porté ses fruits.

Il reste vivant parmi nous, témoin invisible de l'amitié, du partage, de la fraternité, qui unissent tant de jeunes venus depuis si longtemps retrouver dans ce coin de Haute-Provence une oasis de liberté, un coin de rêve, et un lieu où il fait bon vivre et espérer.

## « Passe-moi le barbu ! »

Au début, les paysans du coin étaient vachement méfiants. Et puis, un été, il y a eu de gros orages et toute l'équipe a foncé pour aider à rentrer les récoltes. Une autre fois, le boulanger malade, deux mecs se pointent à deux heures du matin pour faire la pâte. Ils resteront trois semaines. Ce sont des gestes qu'on n'oublie pas. Et des rapports nouveaux se sont noués avec les paysans.

Après une messe que j'avais dite là-haut, une vieille femme me demande si je pouvais faire la procession de Saint-Christophe, le dernier dimanche de juillet. Les gars me disent : « Ça serait vachement bien de faire leur procession ! » Et, la veille de la fête, toute la bande monte au village. Je fouillai la sacristie pour retrouver les ornements ; quand je suis sorti, j'ai vu un spectacle peu banal : dans l'abreuvoir municipal, saint Joseph nageait entre deux eaux, pendant que les pieds de saint Pierre émergeaient, voisinant avec la tête de l'Enfant Jésus. Et j'entendis ce dialogue inusité : « Passe-moi le barbu (saint Antoine). – Envoie la mignonne que je la brosse (sainte Thérèse). – Laisse tomber le vieux bonze (un saint dont j'ai oublié le nom)... »

Le lendemain, la procession s'échelonnait au long des champs, dans un parfum de lavande : les anciens devant, la croix brandie par un non-baptisé, l'encens allégrement balancé par un musulman, le Livre porté par un juif ; tous les jeunes du village derrière. Je n'aurais jamais cru qu'un saint rayé du calendrier romain puisse créer de tels liens.

**« Ça jase dans les chaumières »**

D'abord accueillis avec la curiosité narquoise réservée à tous les « Parigots » de France envahissant la province, les mecs au bout de quelques semaines ont inspiré quelque chose de plus : la crainte. Devant ces tatouages étalés sur de nombreux avant-bras et l'allure loubarde déhanchée, agressive sous le blouson, maintes chaumières paluardes ou rougonnaises se posèrent des questions sur ces nouveaux habitants qui avaient la ferme intention de ne pas faire que passer...

Nous notons cependant, de la part des habitants, plutôt une large sympathie. Hormis les voitures du curé voisin et du maire communiste volées par deux de nos gars, aucun délit à reprocher, aucun incident notable avec la population. La première année, un môme de seize ans ayant volé une voiture, un fossé net s'était creusé durant quelques jours : fossé rapidement comblé par le poids des autres années sans délits.

Poids tel que, lorsque les délits ont été commis dans l'une ou l'autre des deux communes, les gendarmes ont pris l'habitude de ne jamais enquêter chez nous. Il a toujours été reconnu que ces indélicatesses étaient le fait de gens de passage.

Des gens hostiles ! oui, il y en a et d'irréductiblement hostiles. Ceux-là, rien à faire pour les changer. D'autres ont évolué. Des liens très ténus, mais constants, ont modifié les mentalités. Des jardins à bêcher, des paysans à aider dans leurs labourages, des récoltes à rentrer, tel artisan malade et remplacé trois semaines, tout cela a créé des solidarités. Les loubards ont aidé les gens sans gloriole et sans flamber.

La procession de Saint-Christophe, ressuscitée grâce à l'aide de tous les jeunes, a été, elle aussi, un levier puissant de sympathie et d'échange. Les deux bars de La Palud ont permis des dialogues et des brassages certains, les mecs les fréquentant assidûment. C'est le lieu qu'ils préfèrent... C'est aussi le lieu où tout le village se retrouve. Aller jusqu'à garder chez lui un type de l'équipe pendant deux ans, c'est rare ! Émile, vieux Provençal septuagénaire, l'a fait !

## Sur le plancher des vaches

Thierry et Jack se sont tout de suite mis au boulot. Les vaches de leurs parents, dont ils ne voulaient à aucun prix, ils les ont retrouvées ici. Il fallait justement nettoyer les étables. Au revoir, les belles mains, les fringues propres. Bonjour, pelles et pioches, fourches et râteaux. Je les ai vus repartir, l'allure décidée, les yeux brillants. Ce n'étaient plus deux jeunes avachis.

Le sens de l'effort, du temps à remplir sainement, la volonté de commencer par le plus dur, d'aller jusqu'au bout de son rêve, de prendre les moyens de les réaliser, on me les a appris tout petit.

Valeurs antiques, éternelles et qui manquent tragiquement aujourd'hui.

Quand un môme ne veut plus rien, ni école ni travail, il est déjà bien tard. C'est tout petit qu'il faut lui apprendre ces valeurs, et ne plus faire de cadeau. Et si possible, très vite, le diriger sur le plancher des vaches. Au sens propre ou figuré. C'est radical.

# 3
# DISCIPLINER

## De douceur et de rudesse mêlées

Ils le font dans la rue. Ils le font là-bas. La mise en commun, c'est la vie communautaire qui les y aide. Tout est partagé – service, corvées diverses, bouffe, etc. À eux de s'organiser. Bien sûr, il faut souvent revoir tout ça ensemble... Les tire-au-flanc, ça existe partout. Les changements dans la répartition des services sont fréquents. Comme c'est leur affaire, ils en discutent. Nous sommes là simplement pour être témoins de leurs demandes, projets et élaboration des règles communautaires qu'ils décident ou annulent.

Une pédagogie faite de douceur et de rudesse mêlées est, à mon sens, pour ce type de jeunes, l'idéal... Ne rien brusquer, mais être ferme sur certains points, tout en leur offrant la chaleur humaine dont ils ont tous et toutes manqué et surtout, *surtout* écouter les moindres appels, quand on sent qu'ils risquent de flancher. De toute façon j'ai remarqué, à travers leurs réflexions, qu'ils prennent conscience que, lorsqu'un membre flanche, toute la communauté en prend un vieux coup. Ça explique leur acharnement à, sans cesse, trouver pour tous la route la meilleure afin que chacun se sente bien dans sa peau et... ensemble.

Le vrai but, à Faucon, n'est pas de bosser, n'est pas d'apprendre un métier, mais d'abord de se reconstituer. Qu'ils ramassent les morceaux épars d'une vie déjà gâchée, qu'ils prennent la mesure de ce qu'ils sont capables de faire. Ces moments vécus ensemble, ça peut tout changer. Depuis quelques années, je commence à en voir les fruits.

**Servir**

Jean me guette partout. Il m'épie. Je m'en fous complètement. À moi d'être cohérent avec mes adjoints. Seule la cohérence de l'adulte le sécurisera. Je ne lui passe rien. Absolument rien. Il peut contester nos lois à l'infini. L'important est qu'il tente de les appliquer. Au début, je suis patient, mes compagnons aussi. Peu à peu, nous le sommes moins. Et les jeunes de l'équipe de même. L'arrivant voit très vite qu'il peut tricher sur tout. C'est son habitude partout où il passe. Mais la communauté des jeunes n'accepte pas cela. Il s'aperçoit donc que notre pouvoir est partagé. De l'adulte, il se méfie. De ses copains, non. Rien de plus fort que l'éducation passant de jeune à jeune. Avant de nous rencontrer, le jeune fondait sa sécurité sur l'insécurité de sa bande. D'où les catastrophes inévitables.

Dans notre communauté de Faucon, l'adulte ne règne pas. Il sert.

Au même titre que les jeunes.

## Savoir montrer les crocs

Je constate depuis un certain temps que la drogue envahit sournoisement les villages et les villes environnant la Bergerie.

Je pensais que ce merveilleux coin de lavande et de gorges profondes serait épargné par ce fléau. Je me trompais. Il est là maintenant.

C'est un fait, ceux et celles qui connaissent les paradis artificiels ne peuvent continuer à les recréer qu'en les vendant, afin de pourvoir à leur dose quotidienne.

Il y a deux ans, un des jeunes de notre équipe rentre un soir très tard. J'apprends le lendemain qu'il est compromis dans une sale affaire. Je m'informe immédiatement.

Un barman du village, après l'avoir fait boire plus que de raison, lui a donné de la marijuana et l'a entraîné, ensuite, dans une colonie de filles. L'adulte a tenté d'abuser d'une mineure. Le jeune, lui, complètement défoncé, après un simple flirt avec une autre gamine, a quitté la tente sans insister et est rentré se coucher à la Bergerie.

La punition a été exemplaire. J'ai expulsé le gars de la communauté sur-le-champ. Il ne l'a réintégrée qu'un mois plus tard. Il a fait un bon chemin depuis.

Quant au barman, miraculeusement épargné par la justice (je n'ai jamais bien su pourquoi, aucune plainte n'avait été déposée), je m'en suis occupé personnellement.

J'apprends qu'il vend des pizzas très recherchées. Ce n'est pas sa pâte à pain – excellente – qui est l'objet des convoitises, mais les morceaux de drogue qu'il dépose au milieu des assortiments habituels. Le mec paie la pizza en ajoutant discrètement les cent francs convenus pour la drogue habilement camouflée dans le plat.

Je vais le voir dans son bar plein à craquer. Je l'apostrophe grossièrement devant tout le monde. L'estocade suit : « Tu as eu de la chance de t'en être tiré à si bon compte pour l'agression sexuelle que tu as commise. Si j'apprends maintenant que tu vends encore de la drogue, je casse tout dans ton bar. Tu appelleras la police si tu veux et tu lui diras toi-même pourquoi j'ai fait ça. » Il est parti peu après.

Je ne suis pas un Zorro des temps modernes. Mais je n'accepterai jamais qu'on touche en quoi que ce soit à la vie si fragile de ceux qui sont notre peuple.

Quand la justice ne passe pas, il faut bien parfois y suppléer. Mon métier d'éducateur ne m'autorise pas, sous peine de le compromettre immédiatement, à livrer à la police l'auteur d'un quelconque délit. Coincé, je suis bien obligé d'utiliser les seules armes qui me restent.

Ce militantisme est partagé par des jeunes de l'équipe qui, de fragiles, se consolident et passent parfois à l'offensive. Guillaume, un ancien de chez nous, ne me disait-il pas récemment : « Dans mon village de la Marne, un mec a proposé de la drogue à des jeunes de quatorze ans. Je l'ai appris. J'ai été le voir et je lui ai dit que, s'il le refaisait, il aurait affaire à moi. Il n'a pas recommencé. » Je pense que Guillaume a arrêté là une filière qui débutait sournoisement. Il reste vigilant et a mis ses copains dans le coup.

Ce qu'il est possible d'endiguer dans un petit bourg de France l'est infiniment moins dans certains quartiers des grandes villes où de véritables camps retranchés de vente de drogue posent des problèmes considérables. Le combat est partout.

L'autre jour, à Aix-en-Provence, dans une cafétéria, je voyais un jeune adulte passer de table en table. Croyant qu'il mendiait sa nourriture, je préparai quelques sous pour lui acheter un plat de frites. Il arrive à notre table. « Veux-tu de la drogue ? » me glisse-t-il dans l'oreille, après avoir posé la même question aux jeunes qui attendaient, l'œil fixé sur moi, ma réaction.

Je me levai, furieux, et le priai de déguerpir. Je remarquai le patron gêné qui regardait voler les mouches. J'ai tout lieu de penser qu'il était parfaitement au courant, mais laissait faire. Je pense que ma réaction a dû le rendre plus prudent.

Je ne peux prendre un train dans une gare parisienne sans qu'un jeune me propose de la drogue. Je réagis chaque fois. Si un seul ose, d'autres réagiront. C'est un principe qui m'est cher. J'en ai vérifié la force.

Le mal de la jeunesse actuelle est trop profond pour qu'on puisse régler les causes à coups de gueule. Mais j'en ai marre d'entendre la légion défaitiste clamer partout que tant que les grosses têtes qui manipulent ces trafics de mort ne seront pas dévoilées, on n'aboutira à rien.

Et si on partait tout simplement du bas de l'échelle en se mouillant, en n'acceptant pas que soient véhiculées dans notre entourage des idées telles que : « Un joint c'est pas grave ! La drogue douce, aucun danger, etc. » ?

Et si, au courant de faits précis, on essayait de convaincre et parfois de montrer les crocs à ceux qui, trop heureux de notre apathie, magouillent leur « merde » (comme ils l'appellent eux-mêmes) de plus en plus au vu et au su de tout le monde ? Ce n'est pas un appel à la justice populaire, dangereuse et aux conséquences souvent imprévisibles. C'est refuser de nous laisser envahir, là où l'on est, par un des fléaux de notre temps.

## Les souder dans le roc

Ma lutte avec mon équipe est multiple. Il n'est pas rare que j'envoie, à la gueule d'un mineur, le verre d'alcool qu'il a commandé derrière mon dos malgré mon interdiction. Je dis toujours au patron, qui l'a servi, ma façon de penser.

Nous avons bâti avec des jeunes des lois précises, concernant la drogue et l'alcool notamment. Aucun verre d'alcool sans autorisation. La drogue, quant à elle, est rigoureusement interdite. Nous expliquons le pourquoi de ces interdictions, qu'ils transgressent parfois. Dans ces cas-là, la réaction est immédiate. Ils se soumettent en râlant sur le coup... et en me remerciant plus tard. Quand on sait les éponges à alcool qu'on nous confie à seize ans et qu'on voit des gaillards solides de dix-huit ans partir ensuite, on a tout lieu de se réjouir d'avoir jalonné leur adolescence de quelques barrières infranchissables.

Benoît, alcoolique, drogué, a passé deux ans avec nous. Il part maintenant de temps à autre, sac au dos, faire un bout de route et parfois retrouver ses copains.

Quand je vois son visage poupin, épanoui,

revenir huit ou quinze jours après, j'ai tout compris. « J'ai bu un soir, dès que je vous ai quittés, m'a-t-il confié à son dernier retour. J'ai dégueulé ensuite mes tripes. Bien fait pour ma gueule. Et puis je me suis souvenu que tu avais été là deux ans, veillant au grain, ne pardonnant aucun manquement à la règle, mais repartant sans cesse à mes côtés. Impossible d'oublier ton regard et ta voix. Je crois que je peux partir sans crainte maintenant. » Je le crois aussi.

Contre les drogues multiples, qu'elles soient tabagiques, alcooliques, hallucinogènes, musicales ou autres, il n'y a que le combat permanent. Il n'y a que les garde-fous d'adultes présents, vigilants, à l'écoute, compréhensifs mais intraitables dans certains cas précis.

On manque d'adultes, donc « ils » manquent tragiquement de garde-fous. La jeunesse, dans son éternel désir de s'affronter à celui qui doit être cœur autant que roc, est malade d'entendre de notre part : « Fais ce que tu veux. C'est toi qui décides. »

Tous les jeunes rencontrés m'ont dit un jour, chacun à sa façon : « J'ai besoin de quelqu'un qui me dise "non". J'ai besoin de règles, de limites. Je veux quelqu'un de solide sur qui m'appuyer. »

Au carrefour de tentations multiples, un jeune en difficulté, sans racines, sans point d'appui, choisira de toute façon l'évasion immédiate qui lui permettra d'estomper sur-le-champ tout obstacle. Même s'il sait par expérience que c'est reculer pour mieux sauter dans l'abîme.

Un prisonnier, sorti récemment de dix ans de détention, après avoir passé deux jours avec nous, est reparti sans bruit, un soir, avec ce seul mot glissé dans ma boîte aux lettres : « Ils ont bien de la chance, tes jeunes. J'aurais trouvé un mec comme toi et une équipe pour guider mes pas, il y a douze ans, je ne serais pas l'épave que tu as devant toi. Continue, Guy, j'emporte aucun espoir pour moi. Si. Un seul. Je sais que l'Espérance existe pour tes petits. »

Un mot que je garde toujours sur moi. Je le relis certains soirs après des journées lourdes de combats multiples.

Ces lignes redonnent le tonus nécessaire au combattant que je suis.

Sur un front très exposé, il est capital de croire avec passion que planter des jalons dans une vie d'adolescent, c'est les souder dans le roc, c'est ne jamais baisser les bras, c'est ne pas dévier d'un pouce d'une ligne où l'amitié est aussi importante que la fermeté.

## Qui dit barrière dit sanction

Si des jeunes (particulièrement les nôtres) n'ont pas de barrières suffisantes pour leur signifier : « Stoppe là... Tu as été trop loin », rien n'est possible. Leur déroute immense ne fera que s'accentuer. Donc, qui dit barrière dit parfois sanction. Les violences physiques et les insultes aux compagnons provoquent immédiatement l'exclusion de la communauté. Avec toujours un relais amical pour faire réfléchir en écartant d'un lieu où les règles ont été bafouées. Et puis on redémarre à neuf.

Mais il arrive plus souvent que, lorsque nos lois sont piétinées, nous devons nous creuser la cervelle pour que la punition soit le plus éducative possible. Les priver de sortie, c'est les exclure d'une vie communautaire avec le village proche. Nécessaire oxygène et intégration sociale importante. Sanctionner au niveau de la paie qu'on leur alloue n'est pas toujours un bon moyen. Cela peut les inciter à lorgner de plus près un portefeuille qui traîne dans un bar ou dans une poche revolver... et les faire revenir en arrière.

Donc des sanctions écologiques nous ont semblé les plus appropriées, au milieu d'un environnement splendide, source évidente d'idées inépuisables.

Didou arrive de permission avec huit jours de retard. Je discute et cherche avec lui, sous un chêne, la possible réparation... Le verger tout proche et le chêne m'inspirant, je lui propose de biner une vingtaine d'arbres fruitiers, avec creusement de cuvettes, pour les arroser régulièrement. Bien sûr, à exécuter durant le temps de ses loisirs. Je lui montre comment faire. Il bine lui-même le second, bien mieux que moi. Je n'ai pas manqué de le faire remarquer le soir à table devant toute la communauté.

À la place du baby-foot qui le passionne, passer une demi-heure par jour à faire respirer des arbres peut introduire Didou dans l'immense harmonie de la nature.

Virginie, elle, a préféré nettoyer les douze cages à lapins. Ce qu'elle déteste habituellement.

Ahmed sortira une demi-heure par jour un shetland, capricieux et fantasque, avec lequel il ne communique pas d'ordinaire.

Charly aura pour mission d'apporter, chaque jour, deux brouettes pleines de luzerne aux sangliers qui adorent ce dessert.

Ainsi, arbres et animaux attendent avec impatience que pécheurs et pécheresses de notre communauté faiblissent pour mieux vivre !

## Ma droite évangélique

À la suite d'une insulte grossière d'un jeune, j'ai prié deux secondes et j'ai cru entendre la réponse du Seigneur : « Rentre-lui dedans ! » Ce que j'ai fait. J'en ai pris plein la tronche : arcade sourcilière éclatée, dents cassées, mais je me suis battu jusqu'au bout. Si je ne l'avais pas fait, j'aurais perdu toute crédibilité auprès des jeunes de la rue.

Ce n'est pas à coups de poing dans la gueule qu'on résout les problèmes, tout le monde le sait ; mais l'amour de l'Évangile incarné dans un peuple peut nous faire aller jusque-là. Leurs mots, leurs gestes sont violents, habitués qu'ils sont à la haine et déroutés par l'amour. C'est leur faire honneur que de s'affronter à eux. J'ai dû faire un an et demi de karaté pour avoir cette capacité offensive dans des moments très difficiles. J'ai appris qu'on pouvait frapper avec amour quand il n'y a plus rien d'autre à faire. Il n'est pas question d'attaquer, mais de se défendre si possible, de ne pas être trop minable face à l'assaillant. Mais refuser le combat c'est se mettre hors de leur solidarité. Je donne une bonne droite évangélique. « Je frappe d'abord et je bénis après... »

La solidarité avec le plus pauvre, c'est de savoir d'abord l'écouter inlassablement, absolument. Ne jamais se pencher sur lui, mais l'écouter au plus profond. Il m'a fallu pendant une dizaine d'années vivre cette solidarité de la rue. Elle est un enseignement extraordinaire. L'écoute profonde de ces jeunes perdus m'a conduit sur des chemins éducatifs inédits. Ils me disaient de plus en plus souvent : « À quoi ça sert de nous sortir de la merde ? La permanence d'accueil à Paris est superchouette, mais on vend de la drogue à deux cents mètres de chez toi et on nous sert, à nous mineurs, de l'alcool tant qu'on veut. »

Réflexion faite, Faucon n'est pas une expérience aussi extravagante qu'on pourrait le penser. C'est tout simplement une aventure *nécessaire*.

Cette ruine, deux cent cinquante jeunes, prétendument irrécupérables, ont mis dix ans à la construire. Les droits d'auteur de mes livres ont permis d'en faire une magnifique bâtisse provençale en pierres. Il n'est pas question de « déporter » les jeunes de la ville, où ils reviendront, mais de faire en sorte qu'ils passent assez de temps là-bas pour canaliser leur violence. Ce sont eux-mêmes qui l'ont demandé. Faucon, c'est leur œuvre.

# 4
# UNIR

## Bâtir ensemble

Travailler seul dans ce monde de jeunes en difficulté serait suicidaire. Personne n'a le monopole solitaire de l'éducation. Quelque charisme qu'ait celui qui se lance dans l'éducation, on ne peut rien bâtir de solide dans la solitude. Bien au contraire, les dons du départ peuvent se retourner contre celui auquel s'accrochent des adolescents perturbés. Une référence unique, en effet, est dangereuse. La même chose se vérifie dans une famille. Si seuls le père ou la mère sont la référence suprême, l'adolescent(e) risque de se bloquer sur une seule personne et de se mutiler quelque part. Le père, la mère, les grands-parents, un oncle, une tante, des voisins, des profs sont tous et toutes partie prenante de la montée de l'enfant qui bâtit sa route à travers l'approche d'adultes différents. De même avec notre équipe d'éducateurs que nos jeunes préfèrent appeler compagnons.

Cette route adolescente doit être construite sur le roc, avec le souci de l'environnement qui fera déboucher sur l'universel. Elle devra avoir des fondations que chaque membre de l'équipe apportera. Elle devra être entourée de fleurs et d'épines, serpentera sous un soleil lumineux, sans jamais masquer les nuages qui annoncent les tourmentes de la vie. Les jeunes dont nous avons la charge arrivent ordinairement dans l'équipe vers l'âge de treize à quatorze ans. C'est ainsi que je l'ai voulu, après un long chemin de travail de rue. Ce travail a été essentiel pour connaître, comprendre et décider ce que nous vivons maintenant.

**Mon pack**

J'ai besoin d'une équipe qui puisse conduire son action dans la confiance et l'amitié. Ils sont treize : Marc, Thierry, Anthony, Johnny, Didier, Nouredine, Bruno, Jean-Louis, Gaby, Colette, Yusuf et Jean-Marie. N'oublions pas Jean, le « veilleur » qui garde la permanence. Il y a aussi deux ouvriers, ex-éducateurs qui ne travaillent plus avec les mômes, mais travaillent à la ferme en contact avec eux. Ces douze-là, ces quatorze-là, c'est mon pack de rugby.

Je sais l'impatience et le désir des éducateurs et éducatrices de Faucon. Ils veulent être traités en responsables. Ils ont besoin de se réunir souvent. Ceux du « 46 » les rejoignent quatre fois dans l'année, et nous vivons tous ensemble un mois d'été à Faucon. Enfin, ils ont besoin d'être informés et de m'informer.

Ils vivent parfaitement autonomes dans leur action éducative. Les paies et le financement global de la ferme sont puisés dans mes droits d'auteur. L'État nous aide en prenant en charge par le biais de la DDASS des gars et des filles jusqu'à dix-huit ans. Nous avons refusé de bénéficier d'un financement total de l'État par l'intermédiaire de l'association. Essentiellement pour rester libres dans nos projets et dans ceux des gars et des filles qui peuplent Faucon, et pour ne pas avoir un inspecteur jaillissant tous les quatre matins et pinaillant sur le débit d'eau ou la salubrité des toilettes.

Le premier recrutement, c'est moi-même et mon équipe qui le faisons. Le second, ce sont les mecs et les filles. Certains éducateurs n'ont pas duré quinze jours. Personne n'en voulait. Après plusieurs mises en garde, ils ont décidé de chercher en d'autres lieux un sens à leur quête. Nous les y avons aidés.

Les éducateurs sont payés au SMIC, c'est un accord entre nous. Il n'est pas question de gagner des sommes importantes prélevées sur le budget global. On ne va pas à Faucon pour se faire du blé, ou pour s'enrichir sur le dos des copains... Parce qu'ils savent ceci : des gars et des filles de Paris sont en train de passer du servage et de l'assistance à la responsabilité d'hommes et de femmes libres, avec de tout petits moyens et avec l'aide de quelques adultes venus d'Europe qui n'ont autre ambition que de les aider à devenir eux-mêmes.

**Seule l'équipe...**

... peut personnaliser, aimer, faire confiance, durer et les aider à se prendre en main. Bien sûr, un catalyseur, animateur, est indispensable. Mais, sans une équipe, il est foutu. J'ai douze équipiers et équipières. Je n'en veux pas un seul de plus.

Quatre à la permanence parisienne.

Huit à la Bergerie de Faucon. Ils suffisent pour mener à bien une tâche qui demande à chacun d'entre eux de donner le maximum, en tout.

Éducateurs parfaits ? Absolument pas.

Ceux et celles qui se présentent avec les qualités de base sont lancés dans l'aventure tout de suite. Il leur faut un paquet de nerfs solides, un sens profond de l'écoute et de l'accueil, une bonne santé, une disponibilité quasi totale, si possible une compétence manuelle (ne serait-ce que tous les permis de conduire). Enfin, un sens de l'humain égal à un discernement qui doit les faire réagir au quart de tour dans des situations souvent difficiles et mouvementées. Le reste, ils l'acquièrent sur le tas. Dans la terre. À Faucon.

Ils viennent de n'importe quel milieu. Il y a

des horticulteurs, des mécaniciens, des photographes, etc. Certains ont parfois un lourd passé. Ils veulent redonner aux autres ce que des âmes généreuses leur ont offert pour s'en sortir. Quand je les rencontre, la première fois, je les sens. Je sais, parce que je suis un vieux loup, celui qui durera, celui qui ne durera pas. Celui qui a la foi mais pas la compétence – laquelle s'acquiert.

Les meilleurs éducateurs ne sont pas toujours les anciens délinquants. C'est vrai que ces derniers apportent des valeurs extraordinaires. C'est vrai, pour avoir eux-mêmes été des loups, qu'ils savent y faire avec les loups. Mais il leur manque souvent le côté éducatif, les règles de vie, l'apprentissage de la communauté. Ils risquent d'imposer leur autorité au lieu de la gagner pas à pas, jour après jour. Et là, ça ne passe pas. L'idéal, c'est un ancien loup formé sur le tas. Un type qui sait se remettre en question. La foi ne suffit pas. Ce qu'il faut, c'est l'ardeur et la manière. Cet alliage-là, c'est de l'or.

Baptiste avait baissé les bras. Il avait pris le large. Un beau jour, il m'a écrit ces mots : « Ton espérance, c'est la seule possible dans ce monde-là. Moi, je ne l'avais pas. Maintenant, je pars sur la route en pensant que le pire des irrécupérables peut devenir quelqu'un de bien. Il n'y a que ta putain d'espérance qui soit valable. »

Récemment, il y a eu un Canadien et une Belge. Il y a eu des Suisses et des Arabes. Ils (et elles) ont entre vingt et trente ans. Rarement plus vieux. C'est essentiel pour que le leader de l'équipe que je suis ne vieillisse pas trop vite. De plus, ils apportent une sensibilité de ce temps. Ils étaient à peine ou pas encore nés lors de ma première rencontre au hasard des rues de Blida, en Algérie, avec Alain, treize ans, jeté à la rue et qui m'a mis sur le chemin où je suis actuellement, avec le plein accord de l'Église, il y a trente ans. J'y reviendrai.

Certains et certaines n'ont au préalable aucune vraie connaissance du terrain où ils vont s'engager. Ils n'ont qu'un puissant désir de servir des jeunes en difficulté. Mais presque tous et toutes ont déjà un passé de militants riche de leurs rêves et de leur regard sur le monde. Marc, vingt-quatre ans, a fait un stage de plusieurs mois dans un des villages les plus pauvres d'Indonésie. Pascal a milité, à vingt-deux ans, dans tout ce qui touche à la pauvreté, au chômage et à la misère de sa Haute-Savoie natale. Michel, étudiant, avait, dans son aumônerie de lycée parisien, découvert que les dons qu'il avait n'étaient pas pour lui mais à mettre au service des plus pauvres parmi ses frères. Gaby, religieuse, après des années de catéchèse et de pastorale d'ensemble, sentait qu'apprendre Dieu à des gosses repus n'était pas inutile, mais que vivre avec ceux et celles qui n'existent pour personne était prioritaire. François, paysan breton que j'avais repéré au cours d'un stage d'un mois et qui a tenu à ne nous rejoindre qu'après son service militaire et un diplôme d'agriculteur, lui, on l'a attendu quatre ans.

Je recrute au hasard des routes et des rencontres. Il y a aussi les lecteurs et les lectrices de mes livres qui m'envoient leur candidature. Je me dois d'être très exigeant. Par respect pour le type de jeunes, parmi les plus délaissés et les plus déroutants qui soient et qui nous sont confiés.

Rarement des diplômés atterrissent dans notre équipe. Nantis de leurs diplômes, beaucoup savent déjà tout. Ce qui est suffisant pour que je ne les embauche pas. Et, surtout, leur attestation toute fraîche leur permet de prétendre à un salaire supérieur au SMIC, exigence que nous ne pouvons satisfaire. Notre mise en commun de tout ne permet pas que nous ayons une échelle de salaire selon l'âge, l'expérience et les diplômes. Je note cependant que la plupart des compagnons entreprennent une formation d'éducateurs après avoir quitté l'équipe.

## Le même amour

Je n'ai jamais embauché un équipier à la seule vue de ses références chrétiennes. Toute philosophie, tout humanisme, toute religion qui convergent vers l'amour de l'autre, le partage, la solidarité active, sont admis dans l'équipe. En revanche, j'ai une sacrée peur de l'Esprit-Saint que certains ou certaines m'ont affirmé avoir reçu pour le service des loubards ! Tous et toutes sont repartis très vite après un court essai, la mine penaude. Quelques-uns parmi mes équipiers m'aident à prier régulièrement. C'est une sacrée chance et une puissante grâce. Avoir ensemble le même amour du Christ, et le même regard vis-à-vis des plus petits dont nous partageons la vie, centuple notre énergie. C'est Marc qui me disait l'autre jour : « Quelle chance vous avez, vous les chrétiens, de savoir que la Croix mène à la Résurrection. Quelle putain de force ça vous donne ! »

Je lui ai répondu que nous n'avions pas le monopole de cette lumière éblouissante et de la force qui en découle.

En attendant, je sais que faire descendre régulièrement l'amour dans mes mains d'argile à Faucon, entouré de chrétiens et souvent de ceux et celles, parmi les jeunes, qui désirent assister à l'Eucharistie, c'est le cœur de notre action.

Puissent-ils un jour savoir, s'ils ne le savent pas déjà, que l'Amour qui nous hante, quelques-uns de mes compagnons et moi-même, vient de là et de nulle part ailleurs !

## Un cœur et des oreilles

Parmi les coéquipiers, il y au moins deux femmes. Ajoutons les deux secrétaires, Gaby et Colette, qui m'aident à répondre au courrier et s'occupent de l'administration, aussi lourde que contraignante. Des hommes et des femmes qui ont un équilibre certain et qui le cultivent peuvent seuls rejoindre l'équipe. Les jeunes avec qui nous vivons ont le rare don de le faire apparaître très vite, cet équilibre ! Ou, au contraire, d'en montrer, avec la même vitesse, les limites. Limites qui barrent la route d'une candidature, si généreuse soit-elle.

La bonne volonté ne remplacera jamais la volonté de compétence et la compétence elle-même. On peut avoir un cœur gros comme un Boeing et être aussi apte à l'éducation que mon arrière-grand-mère à faire du ski de compétition...

Avoir un cœur et des oreilles. Le cœur, en éducation, est le centre. Pas un cœur gentil, mou, gnangnan, qui laisse dire et faire. Mais un cœur fort, aguerri, pur, qui sait qu'aimer, c'est savoir dire non et ne pas laisser tout faire et tout dire.

Avoir des oreilles grandes ouvertes, pour écouter d'abord le silence de nos jeunes et ensuite le torrent impétueux quand ils sont en confiance.

En effet, après un long silence, parfois terrifiant, nos jeunes ne cessent plus de parler, tant ils veulent, sans doute, rattraper des années de non-dit, d'incertitudes, de sable où ils s'enlisaient, de désespoir et de haine qui étaient leur terreau familier et silencieux.

Apprendre que l'échec est plus quotidien que la réussite. Mais que seule la formidable espérance de l'« adulte-roc » fera de l'échec le tremplin d'une possible réussite. C'est une valeur suprême dans ce monde de jeunes qui, dès leur arrivée à notre porte, tentent de nous imprégner de leurs échecs où ils se complaisent sans s'en rendre compte.

Garder une grande joie de vivre dans ce monde de jeunes torturés n'est pas facile. Mais c'est une des qualités qu'ils saluent en priorité quand l'équipier garde, par tous les temps, une grande qualité d'humeur. Cette joie liée à un humour qui jaillit des situations les plus dramatiques, parfois, donne à ceux et à celles qui désespèrent de la vie cette bouffée printanière qui ne peut être que contagieuse.

Notre tâche ne supporte aucun technocrate ni théoricien phraseur. La cohérence de la parole et du vécu est dans ce monde de la rue, où la parole engagée lie plus que partout ailleurs, impératif nécessaire et sans cesse à travailler.

Enfin une grande droiture face à soi-même et envers l'équipe permet de déblayer très vite les problèmes les plus inextricables et de voir apparaître ensemble les solutions.

Bien sûr, il est essentiel de garder quelques défauts, que nos jeunes débusquent pour leur plus grande joie et notre plus grande humilité ! Et puis c'est important qu'ils découvrent nos limites et nos fragilités. C'est pour eux un choc libérateur qui leur permet d'admettre leur propre vérité. Les surhommes, ils n'y croient pas parce qu'ils savent que ça n'existe que dans les bandes dessinées...

Je relis souvent cette phrase inscrite sur le mur de la permanence par un jeune de passage : « Tout le monde est vulnérable. Même Guy. »

## Savoir se faire tout petit

Moktar, seize ans, était à l'arrière de la voiture et je l'entendais dire à la personne auprès de laquelle il était assis : « Ce qui est chouette dans l'équipe, avec Guy, c'est que l'éducateur qui arrive doit se taire un mois et vivre avec nous et comme nous. Il n'est ni un loubard ni, encore, un compagnon. Guy exige même qu'il ne conduise aucun véhicule et n'ait aucune responsabilité. Dans les foyers où j'ai été, des jeunes éducateurs arrivés depuis huit jours se permettaient de me donner des ordres et de me commander, alors que j'étais là depuis de nombreux mois. Je l'acceptais. J'étais bien obligé.

Maintenant, je ne l'accepterais plus. La technique de Guy, c'est que l'éducateur ou l'éducatrice entre "chez nous". C'est nous qui l'accueillons et qui acceptons qu'il nous serve s'il en est capable. »

J'étais émerveillé d'entendre Moktar parler ainsi. Il avait tout compris.

Il y a deux techniques en effet pour servir les plus pauvres. Ou bien entrer de force chez eux, s'imposer au milieu d'eux sous prétexte de les aider. Ils ne sont alors que des assistés qu'on manipule et écrase en les servant. Là où ils résident, ils ne seront jamais chez eux. Ou bien se faire tout petit. Accepter d'attendre longuement qu'ils nous donnent le feu vert pour les servir, gagner leur respect sans jamais rien imposer au nom d'un diplôme, d'un titre ou d'une fonction. S'ils acceptent qu'on ait autorité sur eux, cette autorité ils la veulent aimante et forte. Mais ils l'aiment surtout quand ils la sentent humble et servante.

Évidemment, la deuxième technique est la plus dure. Claude l'a ressenti il y a peu : Jacky lui a flanqué son poing dans la gueule pour sanctionner une douceur que Claude voulait évangélique et qui l'excédait. J'ai dit à ce jeune ce que je pensais de cette méthode brutale. Mais à la réunion qui a suivi, le vote unanime des jeunes était net. Claude ne pouvait les aider et les servir. Ils le lui ont dit avec un tact et une amitié qui m'ont stupéfié. Cela a aidé Claude à partir pour une autre mission où ses dons donneront leur pleine mesure.

Après ce premier mois de partage et de présence silencieuse dans la communauté, cinq autres mois suivent où, à la fin de chacun, les jeunes votent la possibilité pour le candidat de continuer son stage ou pas. Après ce stage de six mois, il est reconnu compagnon par un vote final. Aucune fête, aucun vin d'honneur. Il est compagnon. C'est tout. Nous pensons en effet que, pour lui ou elle, la vraie fête c'est de servir la communauté jour après jour.

## De sacrés nerfs

À l'étonnement des gens qui apprennent que mes compagnons restent rarement plus de deux ans dans l'équipe, je réponds : « Venez donc faire un tour une petite semaine avec nous. Et vous comprendrez. »

Le type de jeunes que nous servons est très complexe. Refoulés de multiples centres, ils n'ont connu, dans leur détresse avant de nous rejoindre, que la voie de la prison. Ils nous arrivent suicidaires, paumés, parfois drogués ou alcooliques, et toujours violents. Je peux donc vous garantir que deux ans avec eux, en mettant toutes ses tripes à leur service, usent assez pour ne pas dépasser ce laps de temps.

À la permanence parisienne, la sonnette retentit toute la journée et la nuit très tard. Mille détresses butent à notre porte. Détresses parfois violentes qu'il faut apaiser. Il y faut de sacrés nerfs. Trois compagnons sont chargés depuis plus de vingt-cinq ans de ce petit F 3, minuscule mais aux passages multiples et souvent difficiles à porter. Ils l'ont baptisé le « 46 », c'est le numéro de la rue. Les jeunes confiés par le juge d'enfants restent avec nous à Paris le temps de l'apprivoisement mutuel avant le départ à Faucon. Ce séjour n'est pas très long. Mais il demande de la part de mes équipiers une grande attention. Les premiers contacts avec ces jeunes sont déterminants.

À la Bergerie, c'est tout à fait autre chose. Aucune détresse de passage. Mais des jeunes à « construire » jour après jour, par la chaleur fraternelle, le travail en commun, les loisirs partagés. Un autre type de présence où rien n'est monotone mais où, là aussi, des nerfs à toute épreuve ne sont pas de trop. Les compagnons assurent une permanence continuelle entrecoupée, bien sûr, de jours de repos strictement planifiés.

Les deux équipes, parisienne et provençale, se regroupent à la Toussaint, à Noël, à Pâques et durant un mois l'été. C'est essentiel pour une mise en commun espacée mais régulière face aux mêmes jeunes qui, s'ils vivent la majeure partie de leur temps en Haute-Provence, transhument de temps à autre vers Paris pour retrouver leur famille ou passer quelques jours de vacances avec nous.

# 5
# APPRIVOISER

## Une histoire de chèvres

Dès le début de la reconstruction de Faucon, il y a vingt-deux ans, j'ai constaté l'attrait particulier de nos jeunes pour les bêtes.

Le peuple de souffrants que je porte dans mon cœur depuis tant d'années m'est apparu très vite exceptionnellement proche de la bête.

Meurtris par le monde adulte, ils ont un besoin fou d'être aimés. Leur découverte immédiate des animaux, en qui ils trouvent une présence affectueuse, les pousse très vite à s'attacher eux-mêmes passionnément à eux.

Cette réciprocité donne des résultats étonnants. Il nous faut pour cela les regarder vivre au milieu des bêtes pour que l'approvisionnement mutuel soit le plus riche possible.

Quelques poules, trois chèvres, un cochon et un chien étaient les premiers occupants de notre ferme.

Je décidai d'aller plus loin. Une jeune éducatrice des Landes et son ami nous amènent un jour soixante-quinze chèvres.

On était en pleine construction de la maison. Les mecs et les filles, devant cette invasion caprine, arrêtèrent tout de suite le chantier. Fini les lourdes brouettes de béton. Marteaux, pelles et pioches restèrent inutilisés sur le chantier.

Tous les jeunes se disputèrent le lendemain la garde des biques dans la montagne. Pour eux ce n'était d'évidence pas un travail. C'était un loisir de tout repos. Chacun et chacune, nantis de leur poste à cassettes, surveillaient les chèvres du coin de l'œil. Les bêtes se régalaient d'herbe tendre, portées par des sonorités musicales qui leur étaient encore inconnues. Trente chèvres manquaient à l'appel le premier soir... Et, bien sûr, pas question pour nous de penser qu'elles étaient très bien dehors, comme le suggéraient les gardiens du troupeau. Elles devaient toutes être traites. Et dans l'étable. Gars et filles sont partis en chasse à la nuit tombée. Vers vingt-trois heures le troupeau était au complet. Épuisés, les jeunes durent bien sûr participer à la traite...

Quelques jours encore et ils ne pouvaient plus voir une bique en peinture !

Les outils furent vite repris par les mains adolescentes, laissant le couple seul avec son troupeau. On tenta de les intéresser à la naissance des petits. Noyés dans cette marée de chevreaux, espiègles et tendres, les jeunes reprirent du service dans l'étable. Mais, là encore, très vite le travail harassant, dû aux naissances, les dissuada de continuer.

Excellent enseignement pour moi. Il fallait des petits troupeaux contrastés, différents et surtout aptes à les passionner durablement. Je tâtonnerai longtemps avant de connaître le type de bêtes qui leur conviennent.

Aujourd'hui, toute notre tâche éducative est fondée sur les vingt-neuf groupes d'animaux qui peuplent la ferme.

Chaque groupe apporte à nos jeunes une richesse différente. Certaines bêtes, violentes, doivent être apprivoisées longuement, appelant à la patience. D'autres inspirent la beauté. D'autres encore, la tendresse. Toutes participent à leur guérison. Le travail, l'attention et la vigilance qu'elles nécessitent font sortir les jeunes d'eux-mêmes. Une équipe d'animaliers est là pour les guider. D'innombrables questions posées par rapport aux bêtes ouvrent un dialogue entre les compagnons et les gars. Insensiblement, leur instinct sans barrières qui les pousse vers les bêtes fait sauter en eux d'autres barrières, que l'adulte avait longuement bâties autour d'eux.

## Les bêtes règlent notre vie

Notre vie là-bas est réglée sur celle des animaux.

Nombreux sont les jeunes qui, de retour à la ville, m'ont dit combien leur manquaient ces matins auréolés de brouillard que le soleil ne perçait pas encore. Et surtout les mille cris des bêtes réclamant chacune sa pitance.

Pour comprendre, il faut avoir entendu et répertorié les appels des vingt-neuf espèces d'animaux qui composent notre ferme.

La bête domestiquée attend tout des hommes. Les jeunes que nous servons n'attendent, pour la plupart, plus rien de personne, et pensent qu'ils n'ont rien à apporter à quiconque.

D'un seul coup, projetés dans cette arche de Noé, ils se sentent très utiles. D'où leur intérêt très fort vis-à-vis des animaux.

C'est leur premier contact en arrivant là-bas.

Il est fréquent que, cinq minutes après son arrivée, un nouveau se retrouve le seau à la main pour nourrir la vache ou les sangliers.

Bien sûr, au départ c'est très gratifiant, et tellement nouveau que la joie d'être utile les pousserait à nourrir les bêtes plutôt deux fois qu'une.

Se lever à huit heures tous les matins pour apporter la ration, et être là impérativement à dix-sept heures pour recommencer, c'est vite moins enthousiasmant.

La règle est stricte, et ne supporte pas de manquements.

Ça grince de temps en temps mais l'habitude s'instaure rapidement d'être à l'heure. Et puis les jeunes trouvent vite quelle sorte d'animal les branche le plus. Ils passent des poules à la vache ou des sangliers aux autruches, sans transition.

Mais ils doivent se tenir un certain temps à un type d'animal précis afin d'apprendre les gestes, les aliments, les quantités à donner. Après plusieurs mois de présence, ils peuvent nourrir et soigner tous les animaux de la ferme.

La tâche des compagnons est de travailler avec eux et de vérifier que tout s'est fait correctement.

Cette tâche est exigeante. Elle fait appel à la responsabilité individuelle, elle provoque des discussions qui ne sont pas sans intérêt. Mes compagnons veillent à expliquer souvent le pourquoi de telle nourriture, tel soin particulier ou tel geste à ne pas faire.

Parfois aussi une sanction tombe, proportionnelle au mal causé aux animaux.

Salem était d'une négligence rare. Il soignait les pigeons, ce qui est la plus facile de toutes les tâches. J'avais constaté plusieurs fois que les écuelles d'eau étaient presque vides. Cet été-là était torride.

J'avais dit à Salem ce que j'en pensais. Un jour, à midi, je constate de nouveau que les écuelles sont vides. Les pigeons, pourtant assez farouches, s'agrippent, affolés, derrière le grillage en m'apercevant. Je leur donne de l'eau. Les quatre-vingts pigeons, assoiffés, se précipitent. J'appelle alors Salem : « Tu ne me quittes pas d'une semelle jusqu'au coucher du soleil et tu ne boiras pas une goutte d'eau. Tu sauras ce que c'est que d'avoir soif... comme les pigeons. »

Depuis, il a fait un excellent parcours, puisqu'il a passé un diplôme d'agriculteur. Ancien, il lui arrive de rappeler aux jeunes de maintenant ce moment pénible mais dont les fruits ne se sont pas fait attendre.

Cette vie en plein air où les bêtes sortent régulièrement, mangent écologiquement et sont entourées d'affection, c'est autre chose que ces élevages de veaux entassés dans de véritables camps de concentration, sans lumière naturelle, dans un box étroit où il leur est impossible de se coucher.

Je visitais un jour un centre de drogués en pleine nature. J'ai tenté, mais en vain, d'expliquer aux éducateurs que donner comme occupation, à des jeunes particulièrement difficiles, l'élevage à la chaîne de deux mille poules, enfermées nuit et jour dans un hangar sans lumière, ce n'était sans doute pas la meilleure façon de les aider à se libérer de l'enfermement dans lequel la drogue les avait mis !

**Un peu de douceur**

Au début, le jeune qui arrive saute d'une bête à l'autre. Il voudrait toutes les soigner, les nourrir.

La précipitation qu'il met à les cajoler n'est

pas du goût de ses partenaires. Très vite, il comprendra que sa violence verbale et gestuelle est la dernière des approches. À chaque geste brutal, la bête apeurée fuit devant cette agressivité qui se veut pourtant amicale.

À nous d'apprendre à chacun des jeunes le geste doux et lent qui apprivoise. Et surtout l'attente silencieuse et amicale qui sera récompensée par le coup de langue de la chèvre ou le frottement tendre du poulain.

Quand je vois Francis, après des semaines et des semaines d'approche, me montrer triomphalement qu'il est le seul à pouvoir monter l'âne, je me dis que Martin a beaucoup plus de talent d'éducateur que nous !

Il n'est pas rare qu'ils nous offrent ou qu'ils nous demandent d'acheter des livres sur des animaux particuliers.

Gabriel, connaissant ma passion pour les pigeons-paons, m'avait offert un livre qu'il avait d'abord dévoré. Après lecture, ensemble, nous sommes passés aux travaux pratiques. Émerveillé, il a su tout de suite prendre le premier pigeon comme il l'avait lu et le reposer doucement devant son nid. Le pigeon ne fuyait plus. La douce pression et les caresses à des endroits précis éliminaient tout risque de fuite éperdue et de panique dans le pigeonnier.

Ces petites victoires, mine de rien, donnent à ces adolescents confiance en eux-mêmes. Et surtout, surtout, leur apprennent que la bonté désarme tout, vainc tout.

## Quand la complicité s'installe

Philippe m'appelle. J'arrive. Il siffle les chevaux, puis il se couche par terre et ne bouge plus. Au bout d'un moment, la femelle et son petit se couchent à côté de lui, leur tête contre la sienne. Philippe rayonne de plaisir.

La puissance et l'innocence sont réunies...

Momo nous a révélé ses dons étonnants. Je l'ai vu, un jour, jouer avec le bouc. Ce dernier, très beau et de grande taille, fonçait sur Momo qui l'appelait en avançant, la tête baissée. Les cornes impressionnantes fendaient l'air et, à la dernière seconde, effleuraient seulement le front du gars ravi. Le même jeu continuait, Momo montant sur une grosse pierre, le bouc le délogeant ou vice versa. Quand on sait que de telles cornes peuvent assommer, voire tuer, on ne peut qu'admirer le lien particulier qui unit parfois l'homme à la bête.

Ce sont bien sûr les chiots, que Caprice et Sultane nous font régulièrement, qui sont au hit parade du jeu, bien que les petits de Caprice soient quasiment sauvages.

Elle se complaît, en effet, à les faire naître dans un terrier de renard abandonné. Pour les découvrir, il faut longuement pister Caprice et attendre qu'elle consente à nous ramener de la montagne sa famille au grand complet.

Combien de fois n'a-t-on pas découvert un gars qu'on cherchait partout, couché dans la paille, en train de jouer avec la famille chien !

Difficile moment quand les petits partent dans des mains amies. Il est exclu que nos jeunes puissent les garder. Mais c'est la loi, appliquée strictement.

Nous avons constaté, en effet, que les mecs amoureux des chiens et voulant les garder les élevaient « à la loubarde ». Encore instables, partant et revenant sans cesse, ils nous les confiaient pour des périodes plus ou moins longues. Résultat, on s'est retrouvés à une époque avec une meute de dix-sept chiens sans maîtres bien définis. Inutile de préciser à quels ennuis domestiques nous exposait une telle horde de clébards quand, notamment, les femelles étaient en chaleur.

Les occasions de conflits entre jeunes sont trop fréquentes pour ne pas, tous les quarts d'heure, régler celles que nous offrait la gent canine.

Ils ne sont plus que trois chiens, aimés et choyés. C'est très bien ainsi.

**La mort des animaux**

Titus était le premier veau né à Faucon.

Castré jeune, il devint ce qu'un bœuf bien nourri peut devenir au bout de deux ans : une énorme masse de cinq cents kilos de chair et d'os. Il était la douceur même. Taquin et fantasque, il sortait de son enclos et adorait jouer, sans, bien sûr, se rendre compte de la fragilité des humains.

Il suivait les mecs partout. On l'a retrouvé un après-midi dans la salle à manger qu'il visita avec soin en laissant... des traces qui provoquèrent l'hilarité générale et une interdiction définitive de fréquenter la maison.

Vint le temps de le faire abattre. François, notre compagnon paysan, au cœur apparemment sans émotion quand il fallait tuer les bêtes, ne put d'abord se résoudre à l'emmener à l'abattoir. Il le fit quand même, suivi d'une poignée de gars et de filles qui accompagnèrent Titus jusqu'à sa dernière demeure.

Pour être précis, notre congélateur fut son tombeau et nos estomacs, durant cinq mois, le lieu exact de son repos éternel.

Des photos, et le souvenir ravivé autour d'excellents pot-au-feu, nous le rappellent en train de meugler sur scène au lever du rideau, au milieu des artistes, lors de la dernière pièce jouée à la fête d'été de Faucon.

Quand les bêtes tissent notre vie d'une telle présence, on comprend la difficulté de s'en séparer. On y arrive toujours, mais parfois avec quelque difficulté. C'est toujours l'arrivant qui, s'attachant très vite aux bêtes, n'accepte pas leur mort. Celle des chevreaux notamment.

Quand vous nourrissez des cabris qui attendent tout de vous, vous appellent à l'heure de la soupe et jouent, follement, avec vous une fois rassasiés, il est dur de les voir mourir.

Cela reste un problème qu'on n'a pas résolu. Comment tuer des bêtes tant aimées et avec qui des liens multiples se sont tissés ?

Alberto s'était attaché à une chevrette blanche comme neige. Elle le lui rendait bien. Quelle scène quand il fallut en faire un gigot !

Mutisme absolu d'Alberto pendant toute une journée et, bien sûr, refus de manger à tout jamais un seul morceau de viande. La période de deuil passée, Alberto a oublié ses velléités végétariennes.

Les jeunes, tous citadins, n'ont jamais pensé que la viande, vendue à Paris et qu'ils avaient dans leur assiette, pouvait venir de bêtes auxquelles on s'attache.

La bête tisse notre vie de sa chair. C'est la loi de la vie. Il faut s'y faire.

Et puis Cellem, notre spécialiste en abattage, a l'art de faire passer de vie à trépas avec le minimum de douleur, tant son couteau est rapide et efficace.

La chèvre Malika, elle, put vivre très vieille. Arrivée la première à la Bergerie, et malgré son inutilité totale, elle coula des jours heureux avant de rejoindre le paradis des animaux.

## La fidélité dans l'affection

Tous les animaux attirent nos jeunes, soit qu'ils leur portent un amour authentique, soit qu'ils se défoulent sur eux de leur agressivité. Il est cependant honnête de dire qu'il faut éviter d'avoir des bêtes sans défense, car elles sont rapidement éliminées. Les gars arrivant de Paris, agressifs, violents, ont besoin de faire leurs griffes.

Les chats, doux et tranquilles quand ils naissent à la ferme, ont souvent été martyrisés. Couverts de plaies et bosses, ils revenaient au supplice en ronronnant... On en a trouvé dans la machine à laver, pas morts... mais presque. Pourchassés, battus, ils offraient une résistance physique incroyable. Nous avons décidé de ne plus en avoir. Quelques chats adultes importés là-bas ont promptement pris le maquis, après avoir balafré mains et joues. Devenus chats sauvages, ils vivent à un bon kilomètre de la ferme, prudents et, semble-t-il, heureux.

Les poules ont payé aussi un lourd tribut à ces jeunes Parisiens dont la violence et l'agressivité naturelles ont été amplifiées dans la jungle de la ville. Un jeune de treize ans, portant d'ailleurs un amour démesuré aux bêtes, nous a éliminé une à deux poules par jour (plaies suspectes, ailes brisées, pattes cassées...).

Les oies, en revanche, ont toujours inspiré une crainte certaine. Agressives, fonçant devant, attaquant en rangs serrés et en sifflant, elles n'ont jamais connu de deuil prématuré. Les garçons ont pris la juste mesure de l'adversaire.

Les chiens mènent une vie de pacha. Du corniaud au super-racé, ils vivent en bande, se querellant sans cesse, tout en s'aimant assez pour se reproduire un peu trop souvent à notre goût. Là aussi les plus doux ont quelque tendance à recevoir des coups. Mais la force de la horde canine s'impose avec ses crocs et parfois ses griffes.

Les boucs, fort irascibles comme d'ailleurs certains sangliers, ont toujours été entourés du plus profond respect...

Il est bien entendu que ce comportement parfois féroce vis-à-vis des bêtes n'est pas le fait de tous et qu'au bout de quelques semaines, le gars a d'autres chats à fouetter, après avoir fait le tour de tout ce qui vit dans le périmètre de la ferme.

Si vis-à-vis de toute personne adulte, quelle qu'elle soit, leur approche est longue et passe par des chemins difficiles, leur faculté de rencontre des bêtes est souvent immédiate et je dirai instinctive.

La bête s'attache, est fidèle, ne trahit que très rarement. D'où leur extraordinaire attachement aux animaux, notamment le chien qui représente l'absolu de ce qu'ils recherchent : la fidélité dans l'affection.

Quand je regarde un mec d'une rare violence, n'acceptant aucune autorité, aucune contrainte, aux gestes toujours brutaux, à la démarche agressive, caresser avec une infinie tendresse le poil de son chien, je découvre toujours le fond de lui-même dans ce qu'il a de plus beau, c'est-à-dire, son appel à être aimé, être entendu, à compter pour quelqu'un.

J'ai passé des heures avec Mazouz à contempler ses trois corneilles, jetées du nid un soir d'orage, qu'il avait adoptées et soignées jour et nuit. Il les adorait. Elles le lui rendaient bien, en ne vivant apparemment que pour lui et par lui. Perchées sur son épaule, elles babillaient inlassablement, chiant à jets continus sur sa chemise. Le gars essuyait, le soir venu, les crottes séchées. Sa patience était infinie. D'un geste il les chassait. Un bref coup de sifflet suffisait à les lui ramener, d'un coup d'ailes joyeux. Malheur à qui parlait mal de ses corneilles ou tentait de les toucher. J'avais ce privilège. Il était unique et personne n'essayait de me le contester.

Une de ses corneilles a disparu, probablement dévorée par un chat. Une autre s'est noyée dans un seau d'eau de Javel. Quand la dernière a péri de froid, une nuit de gel intense, il s'est enfui dans la montagne, seul pendant vingt-quatre heures avec son chagrin. Il a ensuite filé de la ferme.

Un autre, Christian, avait adopté un des petits de ma chienne. Son « Vagabond » était le compagnon de tous les instants. Et puis un jour Vagabond a disparu. Christian a vécu huit jours d'angoisse et de tension extrêmes. La chance a voulu que ce soit moi qui trouve le cadavre de son chien. Je lui ai appris la nouvelle avec ménagement. Fou de douleur, il a couru vers la dépouille à demi dévorée par les vers. Il l'a étreinte longuement. Puis sa colère a éclaté. Il aurait pu massacrer celui qui aurait fait la moindre réflexion malheureuse. Je ne l'ai pas quitté d'une semelle, les heures qui ont suivi. Il est parti le lendemain avec ce seul commentaire : « Je suis mort depuis hier. »

Sa délinquance, qu'on avait réussi à stopper, a pris, dès son retour à Paris, une rare ampleur. Je l'ai suivi régulièrement en prison. À chaque parloir, il me reparlait de son Vagabond, de sa tombe toujours bien entretenue. Une petite plaque : « Regrets éternels », signale, au fond d'un bois, le dernier sommeil de la bête. Je l'avais achetée avec lui. Dans le magasin de pompes funèbres, l'employé semblait douter de mes facultés mentales quand je lui ai dit que c'était pour un chien.

Christian est routier, il a fait son nid et a trouvé enfin une vie harmonieuse.

Un autre m'a envoyé de sa prison une lettre dont voici un extrait : « Le seul moment heureux de ma vie a été le jour où un copain m'a offert un jeune faucon trouvé au bord d'un sentier. Ce faucon, je n'ai plus vécu que pour lui. Il m'a tout appris, la tendresse, l'amitié, la fidélité. Tu peux pas te rendre compte ce que ça fait après une enfance coups-de-trique et une adolescence à la rue ! On chassait ensemble dans la campagne, c'était vachement chouette. C'était mon ami, le seul que j'ai eu et que j'aurai jamais. Quand il a disparu j'ai repris ma vie de traîne-rue. Tu vois, c'est drôle : ce faucon m'avait apprivoisé et mis bizarrement pendant un certain temps dans le droit chemin. Personne ne saura jamais le faire. »

Un autre gars que j'ai bien connu et suivi un certain temps m'a maintes fois raconté ce qu'il devait à un splendide chow-chow qui, m'a-t-il toujours affirmé, l'avait élevé. Il habitait au Maroc où ses parents, coopérants, travaillaient à l'ambassade de France. Pris par leur travail et par mille réceptions, cocktails et autres conneries, qui alimentaient leur désir de paraître et leur folle soif de promotion, les parents laissaient la plupart du temps le gosse seul à la maison, avec pour compagnie une vieille nounou arabe, sourde et à moitié infirme. Il m'a raconté avec une ferveur étrange ses douze ans de vie avec son chien. Ils ne se quittaient jamais, sauf le temps de l'école. Le chien l'accompagnait et allait le chercher à l'école, avec une précision d'horloge suisse. « Il m'a élevé, me répétait-il sans cesse. Je n'avais que lui. Notre complicité était totale. Il m'a apporté tout ce que j'attendais des adultes et qui m'était refusé. Quand j'ai eu douze ans, il est mort. Mon enfance s'est terminée là. Mon ami, le compagnon de mes silences, de mes angoisses, de mes joies et de mes jeux n'était plus. Je me suis dépêché d'entrer dans le monde adulte, tout seul, mais avec une immense reconnaissance pour ce chow-chow qui m'avait aidé infiniment plus que mes procréateurs, par sa présence affectueuse et sa protection vigilante. J'ai coupé tout contact avec mes parents. Mes enfants ont deux chows-chows. J'essaie d'apporter à mes gosses tout ce que je n'ai jamais eu. Ils ne sauront jamais bien ce qu'une bête a pu être dans ma vie. »

Ces témoignages parlent clair. La bête est ce qu'elle est. Cette recherche passionnée de sa présence dénote une tendresse qu'on ne peut expliquer qu'à la lecture de vies sans amour. Si nous tolérons cet amour démesuré, et pas toujours sain, des animaux, c'est parce que nous savons que notre façon d'aimer ces jeunes les aide un jour ou l'autre à passer des bêtes aux hommes. Ils restent marqués toute leur vie, et c'est presque toujours que leurs formules de politesse, au bas de leurs lettres venant de taule, se terminent par : « Mes amitiés à toi, Guy.

Embrasse Gangster, Brigand et Lascar (mes trois chiens), et salue tout le reste de l'équipe et les mecs et les filles du "46". » Suit la liste des « prénoms » des bêtes qu'ils ont tant aimées.

**Le sanglier, une bête qui a du répondant**

« Je reste des heures avec eux, dit Gillian. Je ne pouvais plus les voir dans un espace trop petit. Ça me rappelait la prison. On a dit à Guy qu'il fallait des enclos plus grands. Maintenant ils courent comme des fous. Ils sont heureux.

« Ils mangent dans mes mains. Les petits mordent parfois un peu. Jamais les gros. Je les étudie tous. Je repère très vite les gourmands, les agressifs, les chiants, les tendres.

« Et puis je m'amuse, après la bouffe, avec eux. Je prends une chaîne, une corde ou une toile de plastique. Ils s'accrochent d'un côté et tirent comme des fous. C'est moi qui arrête la première.

« Dès que j'arrive près de l'enclos, ils foncent. Ils me reconnaissent.

« C'est pas comme les gens. Un jour, je compte pour eux. Le lendemain, ils ne me regardent plus. Les bêtes sont fidèles, toujours.

« Il faut quand même faire gaffe. Parce qu'ils ont leurs humeurs et leur caractère.

« La grosse Maguy (une laie de cent quatre-vingts kilos) est tendre et affectueuse. Mais, quand elle a ses chaleurs, alors faut se méfier. Elle fonce sur moi, mais ne me fera pas mal. J'en suis sûre. Il faut la laisser tranquille, le temps que ça se passe. »

Marco, lui, philosophe sur les sangliers avec perspicacité.

« Je les aime, parce qu'ils sont durs à approcher au début. Je les soigne avec amour. Et je nettoie leur merde avec joie, parce qu'ils m'ont sorti quelque part de ma merde.

« Je leur fais confiance. Je gagne la leur. Et je suis fier de ça. J'aime bien les chiens, mais je les trouve cons. Si on les frappe, ils s'aplatissent et supplient d'avoir une caresse. Pas un sanglier. Il n'oublie pas. Il sait rendre la monnaie si on est maladroit ou trop brusque. Faut faire attention et être très doux.

« J'aime le sanglier pour sa puissance, sa force et sa douceur. »

Gillian ajoute : « C'est les bêtes qui m'ont fait revenir à Faucon après la prison. Elles me manquaient terriblement. Guy m'a envoyé les photos des sangliers que j'aimais. Toutes mes copines de cellule les admiraient. J'étais fière de montrer que j'étais capable de quelque chose en les apprivoisant. Surtout le gros Riton (deux cent cinquante kilos).

« Revenue de taule, j'ai posé mon sac et j'ai foncé voir les bêtes. Elles m'ont tout de suite reconnue après un mois. J'étais superheureuse. »

Le jeune ne peut exprimer ce que nous

constatons depuis tant d'années : ce sont les bêtes qui ont le répondant capable d'apaiser leur angoisse invincible. Les conflits, dès qu'ils arrivent à la ferme, sont quasiment immédiats. On n'a pas à les craindre puisqu'ils sont nécessaires à leur construction. Mais les bêtes sont d'une utilité très grande dans l'affrontement pacifique qui les oppose à eux et à elles.

Face à la violence de certains jeunes, je rêve parfois d'avoir un lion pour les aider à canaliser leur agressivité...

Ce n'est qu'un rêve ! Et je ne sais pas finalement qui dévorerait l'autre !

Ce n'est pas par hasard que les plus violents de nos gars et de nos filles s'occupent tout de suite des sangliers quand ils arrivent à la Bergerie. Ils se maintiennent dans cette tâche avec grande constance.

« Viens voir, Guy », me dit de loin Jacky. J'accours au parc des marcassins. Les grognements sont le signe, à cinq minutes près, de l'heure du repas. « Tu vois, le "petit clown" est dans l'auge, il attend la bouffe. Et regarde, les autres autour, ils n'osent pas avancer. »

En effet, je vois le plus petit des sept marcassins au milieu de l'auge, levant la tête vers Jacky, et les six groins de ses frères et sœurs sont posés sur le « plat » qui vient d'être nettoyé avant le repas.

Ce marcassin est le plus petit de la dernière

portée. Malingre et moitié moins gros que les autres, il a un air drôle et tendre à la fois qui fait rire et pitié. D'où son surnom de « petit clown ».

Jacky m'explique : « Il ne bouffe que les restes des autres, et quand ils lui en laissent. C'est des sauvages. Ils l'auraient laissé crever de faim. On a habitué le plus petit à venir manger le premier. Il sait qu'on le protège. Dès qu'on arrive, il fonce dans l'auge et mange. Dès qu'on part, les autres le vident de là. Mais c'est trop tard, il a le ventre plein. »

Dans le parc à côté, le couple des amoureux. Un énorme mâle et sa femelle.

L'énorme masse du sanglier impressionne beaucoup les mecs. Ils savent, par des chasseurs et des paysans du coin (la forêt qui nous entoure est une réserve où les sangliers sont nombreux), que cette bête est aussi apprivoisable qu'un chien. Mais il arrive aussi qu'elle redevienne d'un seul coup sauvage après s'être frottée contre vous, et avoir longuement mendié vos caresses. Il vaut mieux alors déguerpir au plus vite, ce satané animal peut être dangereux.

S'en souviennent ceux et celles qui ont assisté, l'an dernier, à un combat à mort entre le porc et le sanglier. Ce dernier, voulant partager les faveurs de la truie, a bondi de son enclos, en trouant le grillage comme il l'aurait fait d'une dentelle.

Il s'est alors trouvé en face de l'énorme verrat qui a voulu défendre sa belle.

Les mecs et les filles, attirés par les grognements furieux, ont assisté, impuissants, au combat des trois cent cinquante kilos de viande qui s'affrontaient. Les deux mâles ont expiré peu après la lutte sauvage qui les avait opposés.

Quand je vais apporter au couple sanglier une gourmandise, mes chiens, le comprenant, foncent en aboyant vers l'enclos. Ils semblent être fort jaloux de l'intérêt que je leur porte. Ils aboient comme des fous devant le grillage renforcé.

Le mâle semble prendre plaisir à cette agression sans danger pour lui. Il court du grillage au centre de son parc en caracolant de joie. Et puis, d'un seul coup, il vient saisir dans ma main la pomme dont il raffole.

Jean-Christophe, dès son arrivée à la ferme, m'accompagnait chaque fois que j'allais voir les sangliers. Déstructuré, il refusait toutes les tâches. Il passait des heures à regarder la famille sanglier retourner inlassablement la terre, s'amuser, se battre et manger. Il était fasciné par le mâle qui ne se déplace que pour l'essentiel : la bouffe et ses besoins. Il contemplait cette énorme masse en comprenant difficilement, après l'avoir arrosé au jet d'eau pour lui faire une toilette, qu'il se roule aussitôt dans la boue.

Jean-Christophe ne sortait de son mutisme alarmant que pour s'intéresser aux mœurs et coutumes de ces bêtes sauvages. Il a été un des éléments les plus actifs de la communauté, passionnné d'apiculture. « Faucon, c'est mon paradis », me disait-il. Il nous a quittés mais n'a pu, malgré mes efforts, trouver sa route. Il a été trouvé mort, seul, dans un fossé. Il est au « paradis » de l'amour éternel, maintenant.

Marcel était devenu intolérable pour la communauté. Il devait partir dans une famille d'accueil. C'était convenu entre lui et l'équipe. Et puis, un matin, il aperçoit sept minuscules marcassins qui, derrière leur mère, à la queue leu leu, sortent de leur caverne aménagée.

« Ils sont nés. Ils sont nés ! » criait-il partout pour rassembler la communauté autour de l'événement du jour. Et puis il ajouta : « Je reste et je me tiendrai bien. » Je peux certifier que ces sept petites bêtes ont été pour Marcel une sacrée planche de salut.

Il a tenu le coup grâce à elles plusieurs mois. Rien n'a été facile. Mais c'était vivable enfin. Il s'en sort maintenant très bien.

Depuis quinze ans que le premier marcassin, minuscule et apeuré, a atterri chez nous, ce porc sauvage reste pour nos jeunes loubards violents, agressifs et tendus, la bête qui les fascine, les amuse… et qui les dompte. Enfin, pour être plus juste, qu'ils apprivoisent et qui les apprivoise. Nous avons actuellement trois femelles, un mâle et sept marcassins.

La qualité relationnelle avec les quatre adultes est tout à fait remarquable.

Océane a une tendresse spontanée mais pour des jeunes bien précis. Les autres, s'abstenir.

Ritone ne se laisse jamais approcher. Énorme bête de neuf ans, elle n'a pas été caressée petite. On n'osait pas. D'où son approche agressive, sauf pour la bouffe.

Fernand, quatre ans, splendide mâle des Ardennes, est courtisé par tous les jeunes. Parce qu'il est le plus éducateur de la gent sanglière.

Quand une gueule ne lui revient pas, il fonce. Pas de détail. Il faut seulement être assez leste pour sauter dare-dare par-dessus la grille.

Nos jeunes, avant de nous rencontrer, ont assumé des risques souvent graves. Mais ils ne les calculaient pas.

Avec Fernand, ils sont confrontés à un risque qu'ils seront obligés de contrôler. D'abord, il ne donne rien sans échange. De plus, si le jeune est agressif, il ne lui obéira pas. J'ai constaté ceci de remarquable : le sentiment de respect et de confiance qui s'établira entre Fernand et nos jeunes se transférera ensuite aux adultes. Au fond, Fernand et ses copines représentent pour nos jeunes un sérieux facteur d'intégration sociale.

Les groupes, nombreux, qui viennent l'été visiter la ferme, sous la seule conduite de nos jeunes, admirent leur prestation dans l'enclos des sangliers. Cette admiration est pour les jeunes inestimable.

L'un d'eux, un des plus violents que j'ai connus, a un don étonnant vis-à-vis de Fernand. Il en fait ce qu'il en veut. Une complicité amicale (j'allais dire amoureuse) les lie. Morgan a progressé avec Fernand à pas de géant. Si les chevaux nous ont occasionné quelques fractures, les sangliers n'ont jamais blessé quiconque.

La majorité de nos jeunes, en nous quittant, vont vers des métiers dont la bête est le centre. Ils ne sauront jamais que des sangliers, notamment, les ont remis en selle.

## Magiques lamas

« Je vais les voir. Je les contemple. C'est une bête de l'univers des rêves. Elle entre dans les contes. Elle a un côté mystique. J'adore leurs yeux et leur cri plaintif, très doux », affirme Marco. Il ignore que l'emprise du lama sur les hommes est fort lointaine. Dans l'empire des Incas, le lama était vénéré, symbole de l'autorité royale.

Pharaon, le plus petit des lamas, une merveille de grâce et de beauté, a dû être agressé par un chien. Une plaie cachée quelques jours dans les longs poils marron n'a pu être détectée à temps.

Toute affaire cessante, la bande des jeunes a foncé l'emmener chez le vétérinaire. On n'a pas pu sauver le lama. Un de mes jeunes l'a veillé longuement. Après un dernier cri plaintif, Pharaon est parti au paradis des animaux. L'enterrement de la bête qu'ils aiment est un moment sacré. Et, bien sûr, une croix sur un petit tumulus qui marque l'emplacement de la tombe mémorise toujours le souvenir de la bête aimée.

Le côté écologique du lama est inestimable. Le lama mange toutes les herbes, ne touche pas les arbres ni leur écorce. Nous l'avons vérifié. Sa beauté royale attire les jeunes comme un aimant.

Quand ils font visiter la ferme (ils sont seuls à le faire), ils commencent par les lamas. Nous avons entrepris lentement le dressage. Il faut une grande douceur pour cela. Quand un lama se blottit la tête contre le cou du jeune, c'est une grande victoire pour celui-ci. On attend chaque jour l'arrivée des petits. Ils viennent de donner à notre ferme une allure de zoo qui n'est pas négligeable.

Voir des enfants de l'école du village tout proche passer un après-midi entier à visiter tous les animaux de la ferme est une immense victoire après tant d'années d'acharnement. Les paysans, il y a vingt-quatre ans, ne donnaient pas cher de notre présence : « Des paysans, ça ? Et puis des Noirs, des Arabes et des délinquants ! Ils ne resteront pas longtemps ! » Telles étaient les réflexions.

Que leurs petits-enfants puissent revenir le soir à la maison, admiratifs, racontant inlassablement à la table familiale la visite de Faucon et l'accueil chaleureux de nos jeunes est pour nous la plus belle des victoires. C'est le signe d'une belle intégration.

## Le cheval plus tendre que la locomotive

Dès qu'un jeune arrive à la ferme (juste sorti de prison ou refusé par tous les centres qu'il a fréquentés), il demande toujours : « Y a-t-il des chevaux ? »

« J'adore les chevaux. Aucun train, aucun avion, aucune voiture ne remplacera le cheval, me dit Baptiste. Il te conduit. Il te porte avec intelligence. Il t'aime, surtout, se frotte contre toi, de joie. Aucune tendresse de la part d'une locomotive. J'ai un sentiment fou de liberté quand je pars seul dans la forêt avec lui. »

Mes compagnons préparent avec patience les jeunes à monter. Pas question de sauter tout de suite sur le canasson et de filer comme le vent. « C'est chouette, me dit Baptiste, de le brosser d'abord. C'est un plaisir pour moi et ils aiment beaucoup. Puis je leur nettoie les sabots pour enlever tout caillou qui les ferait boiter. »

Moments de détente, s'il en est, après le

travail de la journée, ces longues balades dans la forêt toute proche. Voir Yusuf monter à la hussarde sur Joa, sa jument préférée, est un régal.

On dresse aussi les chevaux pour aller chercher, loin dans la forêt inaccessible, les troncs d'arbres qui alimenteront la scierie qu'on vient d'inaugurer. On recherche actuellement les vieux instruments des fermes d'antan pour labourer, semer, herser, couper... On a tout notre temps. On n'est pas là pour produire, mais pour faire vivre des jeunes, en les collant le plus près possible à la nature. Cela demande effort, lenteur, patience. Même si notre tracteur est indispensable, indispensable aussi est le lien avec l'animal dans l'effort partagé.

L'amour pour le shetland et les ânes est aussi très fort.

« Thomas est petit, hargneux. C'est un paquet de nerfs. Je l'aime parce que c'est un cheval miniature. C'est pas un enfant de chœur. Faut faire gaffe. Il mord. Il rue. Mais quémande tout de suite des caresses. Il a une grosse personnalité. Il n'oublie jamais. » Ainsi est peint notre shetland par Michel.

Martin, l'âne, attire tous les suffrages par sa personnalité.

« C'est un fugueur et un dragueur, dit Moktar. C'est pour ça que je l'aime bien. Il faut une superpatience pour l'approcher. Il m'a envoyé au tapis des dizaines de fois. Sa gonzesse est douce, gentille et patiente. Je préfère Martin. Je lui parle pendant des heures et je me fends la gueule. Je suis sûr qu'il me comprend. On peut tout lui dire. »

## Ah ! les vaches

Pour nos jeunes, les vaches n'exercent pas un attrait excessif.

« Va t'amuser avec une vache ! Elle n'a pas le temps. Elle passe son temps à bouffer. C'est quand elle a des petits que c'est chouette. »

On attendait la venue du petit de Mimosa avec impatience. Il arrive. Un magnifique petit veau. La vache tombe malade le soir même. Le vétérinaire, dépêché d'urgence, détecte une hémorragie interne. Piqûres, soins intensifs. Rien n'y fait. Le soir après un anniversaire fêté au village, on fonce voir Mimosa. Elle était morte. Son petit suçait le pis de sa mère encore chaude. J'ai dû faire une dernière prière à la demande de toute la bande réunie. Prière terminée par Fred : « Elle est morte pour donner la vie. »

Dur de nourrir le petit au biberon de jour en jour. De moins en moins, finalement. Le veau fonçait sur les mecs dès leur arrivée. « Une fois nourri, il veut jouer. Il nous suit partout, dit Jean. Il veut plus nous lâcher. Alors on joue à cache-cache avec lui. Il faut le semer, sinon on n'ira plus bosser. »

Dès qu'un animal meurt, on le remplace aussitôt. Telle est notre règle. Quinze jours après la mort de Mimosa, Chiquita arrive enceinte. C'est par hasard que je l'avais découverte chez un vieux paysan du centre de la France, qui avait hébergé ma carcasse fatiguée pour quelques jours de repos.

Chiquita était vraiment la vache « évangélique » que je cherchais. Je l'achetai et l'amenai à la ferme de Haute-Provence. Douce et affectueuse, elle me paraissait le bovin idéal qui remplacerait avantageusement Mimosa. Assis sur les barreaux d'une échelle, je regarde Momo qui m'a invité à participer à la traite.

Je vois ses gestes précis pour nettoyer les pis de Chiquita.

« C'est pour désinfecter la mamelle et les trayons », me précise-t-il. Et puis douze bons litres de lait jaillissent dans le seau. « Rien de tel pour se faire les muscles », ajoute Momo.

Je regarde fasciné ses mains de dix-sept ans qui ont déjà une longue carrière de portes enfoncées, de sacs arrachés, de magouilles qui l'ont entraîné en prison de très nombreuses fois. Je l'en ai sorti moi-même à trois reprises.

La dernière goutte de lait tirée, Momo m'entraîne avec lui pour couper des betteraves qu'il avait, non sans peine, extraites du sol gelé. Ma dextérité n'égale pas la sienne, il débite les tranches à toute vitesse. Ensuite, parmi tous les sacs, il choisit la farine et les granulés réservés à

Chiquita. « Tu vas voir comme elle va être contente ! » me souffle Momo. En effet, la vache se trémousse d'aise quand elle nous voit avec les seaux débordant de friandises énergétiques.

Et puis c'est la litière à préparer pour elle et son veau, l'eau à donner que le futur taureau, impulsif, renverse à tous les coups. Le foin à porter aux chèvres et aux moutons, sans oublier les nouveaux arrivants, les trois daims... L'heure passe vite ! Momo va éteindre la lumière dans l'étable, non sans avoir lancé un sonore : « Bonsoir, Chiquita ! » suivi d'un viril baiser sur le mufle de la vache qui, pour l'instant, ne pense qu'à engloutir son dessert quotidien. La porte se ferme. On sort dans la nuit. Brusquement, pour moi, un retour en arrière : la porte de la cellule de Momo claquée quelques semaines auparavant, devant moi...

Le glacial contact d'une clef enfermant cet adolescent. Ses tentatives de suicide répétées pour crier que les cachots, c'est pas fait pour un môme dont la tare essentielle est de n'avoir pas été aimé.

Momo paysan ? Je ne le pense pas. Amoureux des bêtes, ça, j'en suis sûr. Il ne pense qu'à rejoindre un éleveur de chevaux. Sa petite taille et son agilité feront merveille sur les canassons. En attendant de trouver un ranch accueillant, il veille avec conscience sur la ferme et ses multiples habitants, sous l'œil vigilant et chaleureux de François, l'éducateur breton.

La ferme de Haute-Provence est le témoin de nombreuses vocations de jeunes citadins, passant sans transition de villes inhumaines qui les ont écrasés à la douce violence de ce coin de paradis. Confrontés à la rudesse des saisons, au travail dur et gratifiant de la terre et du service des bêtes, à l'accueil discret et chaleureux des Provençaux, ils ont chacun trouvé là un havre d'où ils sont partis mieux aguerris. Si la solitude des gorges du Verdon leur pèse parfois, ils garderont toujours la fascination de ces paysages somptueux, et surtout le sens de l'effort et d'une vie communautaire très libre mais aux règles strictes.

Comme pour beaucoup d'autres, ce retour à la nature a été pour Momo un appel à découvrir ce pour quoi il est fait. Chiquita restera sans aucun doute, pour lui, une éducatrice hors pair.

## La chatte et le petit canard

Les poules, les dindes et les canards n'exercent aucune fascination sur nos jeunes. Par contre, les faisans et les paons sont admirés pour leur beauté, mais ils sont immangeables... à cause de leur parure. Les œufs sont ramassés avec empressement. La volaille elle-même est vue comme un futur pot-au-feu. « Je vais jamais voir les volailles, sauf pour les nourrir. C'est bête. Ça dit rien. Ça n'a pas de cœur. » Les plumes des paons, à la mue, sont très recherchées.

Pas d'atomes crochus, donc, avec elles, sauf rares exceptions. Cathy adore les dindes et les pintades qui le lui rendent bien.

L'été dernier, un ancien, Bernard, vient me voir avec sa belle et ses lardons, à la Bergerie. À quelques kilomètres de la ferme, il voit sur la route un caneton de quelques jours égaré au milieu de la chaussée. Il stoppe pile et fonce le récupérer. Il nous l'apporte, heureux d'avoir sauvé cette bestiole. Où la foutre ? Avec nos soixante-dix canards adultes ? Impossible ! Il se serait fait écharper. Un mec, malicieux, prend le caneton et le met pour s'amuser au milieu de la portée des chatons d'un mois. Je lui dis : « Arrête tes conneries ! Il va être dévoré par la chatte. » Et puis, miracle ! On attend quelques minutes et on voit la chatte renifler longuement le canard qui, heureux de retrouver la chaleur animale, se blottit au milieu des petits chats et décide de camper là définitivement.

Adopté le caneton ! Il suivait partout la chatte au milieu de ses petits avec la grâce pataude de sa race. Celui-là, personne ne le mangera.

Pour nous, cette merveilleuse petite histoire a été le symbole de notre mois d'été. Nous avions une bande de jeunes particulièrement difficiles, avec des tensions dingues à cause de tempéraments divers et contrastés. Je leur ai rappelé souvent : « Si un canard peut être adopté par des chats, pourquoi n'accepteriez-vous pas de vous tolérer, de vous accepter différemment ? »

Pas de danger de mettre nos oies en confits. Les jeunes les aiment bien.

« C'est l'image de la bande où j'étais, affirme Chelmi. Un pour tous, tous pour un. Agressives, roulant les mécaniques. Quand même, à la première alerte, chacun pour soi. C'est beau. Ça gueule. Elles vont partout, arrogantes et jacassantes. Elles ont l'horloge dans le jabot. Réglées comme des montres. Elles protègent super-bien leurs petits. On en a sauvé une, prise dans la glace de la mare qui s'est refermée sur elle, l'hiver dernier. Elle semble s'en souvenir. »

Les dindes molles et apparemment sans âme passent à la broche avec délectation et sans regret.

Le dindon, lui, est très attirant.

« Tout beau devant. Tout vicieux derrière ! Il fait la roue dès qu'on apparaît. Malheur à celui, ensuite, qui lui tourne le dos. Mollets, jambes et fesses sont piqués avec allégresse. »

**Des souris et des chats**

La non-agressivité apparente d'une bête peut parfois lui attirer des coups. Malheur au bourreau ! Je sanctionne alors énergiquement. Arnaud se souvient encore de ma colère quand, pour s'amuser, il fractura la patte d'une dinde.

Alain,
le premier môme
rencontré à Blida,
Algérie, en 1965.

Je trouve Faucon en mars 1974.

Une ruine envahie par les ronces et habitée par les couleuvres.

La Vierge veille sur Faucon.

Avec Sœur Emmanuelle.

Transport de « troupes ».

Mazouz et ses corneilles.

Christian et Gangster.

Mitou et sa chèvre.

« Paris béton,
Paris qui les tue. »

Au « 46 ».

Eucharistie
en Provence,
dans la chapelle
saint Christophe
de Rougon.

Faucon aujourd'hui.

Diego
et Edelweiss.

Yusuf
et mes clébards :
Gangster,
Brigand, Lascar.

Morgane
et son lapin.

Photo de famille
ou les jeunes
au quotidien.

Baptiste et
son lama Cléo.

Gillian et
la laie Maguy.

Eucharistie champêtre avec Angèle.

Procession de saint Christophe le long des champs de lavande.

Fête patronale avec les motards de toute l'Europe.

Titi et Chocolat, l'alpaga adoré.

Et toujours la moto.

Christophe et le bébé alpaga.

Mes trente ans de
sacerdoce célébrés
avec ma famille,
mes amis,
les loubards…
et la reine Paola
de Belgique.

Éric,
un des anciens,
avec son fils
David.
Retour aux
sources.

Zoothérapie :
Marcel et
les autruches.

Manu
et ses petits.

Sébastien,
amoureux des
pigeons.

Des jeunes de
l'école proche
autour de
Fernand
(180 kgs).

Réunion de la communauté.

Gangster et le marcassin.

Retraite aux flambeaux avec Juliette, une ancienne de Rougon.

Attention
aux doigts !

Jessica et son shetland.

Ahmed et l'incontournable Martin.

Six mois pour réaliser cette œuvre d'art loubarde.

A chacun son Vatican ! Avec Jean-Paul II.

Sa paie y passa. La dinde survécut miraculeusement. La sanction immédiate a valeur d'exemple.

La tendance des mecs à persécuter les chats, il y a quelques années, m'avait découragé. Lancer la horde des chiens sur eux était un jeu qui se terminait toujours par un massacre... derrière notre dos, bien sûr. J'avais renoncé à en garder. Les souris en profitèrent. Un petit chat nous fut donné. J'avertis la communauté. « C'est mon chat et je tiens à le voir vivant. » Je n'ai pas d'atomes crochus avec cette bête. Par contre, les filles ont la passion de ce minifélin. Chats et chattes, enfin respectés, prolifèrent donc, au grand dam des souris qui sont allées camper ailleurs.

Que les animaux soient aimés ou ignorés, ils sont assez malins pour s'imposer parfois aux plus allergiques. Demandez à Marco : « Les chats m'indiffèrent. Et pourtant, à quatre heures du matin, je me réveille brusquement et je découvre quatre petits chats juste nés sur mon édredon avec la mère les léchant. Elle devait avoir vachement confiance en moi pour accoucher dans mon lit en pleine nuit, alors que je ne l'ai jamais caressée ! »

**Coqueluches du cœur et de l'assiette**

Les chevreaux attirent tous les suffrages. Ils sont attachants, tendres et affectueux. Allez vous débarrasser des petits que les mères refusent parfois ! C'est un plaisir pour nos jeunes de les allaiter au biberon. Les voir jouer avec eux est un régal.

Les moutons, en revanche, ne sont regardés que lors de la mise bas.

Ils aiment « leur cri d'enfant comme un gosse égaré dans un supermarché », quand on les sépare de la mère.

Trop influençable, sans personnalité apparente, le mouton est hautement apprécié... quand il atterrit sur la table sous la forme d'un méchoui.

La troupe de lapins est chérie par les uns, ignorée par les autres. Les filles surtout s'y attachent, parfois avec passion... Aude en fut la grande prêtresse... Elle refusa toujours d'en manger. Jessica a pris la relève.

Toute bête malade ou blessée est toujours soignée avec tendresse.

Un faon sauvage, trouvé prisonnier dans un trou de notre propriété, fut la coqueluche, malheureusement passagère, de notre communauté. Le vétérinaire tenta de le sauver. Soins intensifs et alimentation ne purent le maintenir en vie. Il était à moitié aveugle. Il émerveilla nos jeunes par sa beauté inégalable et sa fragilité. Voir toutes ces jeunes têtes, dont le passé violent est encore proche, se pencher avec tant de tendresse et de compassion sur le petit, sans doute abandonné par sa mère, est signe de leur cœur immense, prêt à tout pour sauver. Ils retrouvent alors, sans le savoir, leur innocence piétinée. Et ils cicatrisent, sans le savoir aussi, tant de blessures qu'on leur a infligées, quand ils n'étaient eux-mêmes que des faons sans défense...

**Pigeons et faucons**

Quand nous avons pris possession de la Bergerie, après un travail acharné de dix ans, j'avais voulu mettre dans le pigeonnier, tout en haut de la haute tour, quatre couples de pigeons-paons. Comme symbole de pureté et de liberté.

S'il est un spectacle d'une grande beauté, c'est le vol éclatant de blancheur des cent cinquante pigeons qui se sont multipliés. Nous ne les nourrissons jamais. Ils cherchent donc leur nourriture en picorant les restes des sangliers, des moutons et de la volaille. Il faut les voir, un quart d'heure avant l'heure de la nourriture des animaux, perchés par dizaines au-dessus des auges des sangliers. Ils aiment particulièrement leur mélange de son et de maïs. Ils sont d'excellents nettoyeurs d'auges et avalent tout déchet, tout reste qui traîne.

Ils sont aussi les « déjeuners » des rapaces (buses, faucons et circaètes), qui pullulent. Un casse-croûte assuré pour l'hiver ! Les jeunes surprennent parfois l'embuscade des faucons qui attaquent les pigeons les plus faibles et vont les dévorer toujours au même endroit de la forêt.

Il leur est arrivé aussi de voir la parade des pigeons qui contre-attaquent quand le rapace fonce. Ils s'enroulent autour de lui dans des cercles immaculés jusqu'à ce que le faucon, fatigué, renonce. Spectacle fascinant.

Voir nos jeunes vivre avec les bêtes est une joie et un enrichissement sans fin. Leur évolution, toujours positive malgré tant de difficultés, d'échecs et d'obstacles, est en partie due à ce que les bêtes leur apportent de magique. Si le travail est dur pour les nourrir et les soigner, ce travail est bon. Car il les sort d'eux-mêmes et les pousse à un effort du corps, de l'intelligence et de la volonté. Le cœur qui soutient cette tâche leur permet de trouver ce qui est essentiel pour eux et elles : l'harmonie. Un certain nombre d'entre eux ont trouvé leur route dans un métier dont la bête est le centre.

Écoutons le témoignage de Marco :

« Dans ma jeunesse, on m'a toujours trompé. La bête ne m'a rien promis. Mais si j'ai envie de recevoir, elle me donne tout de suite et ne reprend pas ce qu'elle m'offre.

« J'ai retrouvé la paix, ici, au milieu d'elles. Si je me sens bien à Faucon, je le leur dois à elles d'abord. Ce lieu m'a réconcilié avec moi-même et avec les autres. Je sais qu'en quittant Faucon, ce sera dur. Mais je garderai toujours dans mon cœur ce coin de paradis. »

Il partage maintenant avec Lorena et Paloma, leur fille, cet amour qu'il a d'abord puisé auprès des bêtes.

## Chiens évangéliques

Nos jeunes veulent quasiment tous être maîtres chiens. Une maladie qui leur passera. Mais l'heure est grave pour nous ! J'ai personnellement trois clébards. La Bergerie de Provence en héberge quatre. Trois chiens dressés viennent de nous arriver, semant la panique dans la horde canine. Chiens inemployés comme leurs maîtres, mais particulièrement actifs quand une femelle est en chaleur. Vous devinez la suite. Les vétérinaires ne chôment pas.

Les stages se sont globalement bien passés. Aller dans un chenil ou à la SPA choisir avec eux leur clébard est la première étape. La deuxième, c'est le choix du nom du chien. « Pétard », « Gangster », « Voyou », « Brigand » vont, à entendre nos jeunes, en découdre dans les grandes surfaces, les banques et les parkings avec les voleurs, braqueurs et autres malfrats.

Bizarre de les voir passer, en théorie et à grande vitesse, de l'état de délinquance à celui d'homme de la sécurité. Revanche sans doute. Désir de franchir une barrière où ils auront autorité après avoir été jugés, fouillés, interrogés et parfois frappés au nom de l'ordre, par toutes les autorités dont ils ont dépendu.

Le stage est l'avant-dernière étape. Leur comportement difficile rend houleuse, pour certains, la période nécessaire à l'apprentissage. Et, pour peu que le chien s'avère plus caractériel que le maître, je plains sincèrement et le maître et la bête...

Le diplôme dans la poche, ils arrivent en tenue de parade avec leur inséparable compagnon, muselé et maté. Certains, pour nous montrer la beauté du dressage, ne cessent de donner des ordres au clébard qui, tel un élastique, s'assoit, se couche et se lève. Je stoppe évidemment rapidement l'exercice.

D'autres ont choisi dans un chenil le plus doux des compagnons. Je veux bien croire que ce type de chien évangélique est nanti d'une bonté telle qu'elle « désarmera » le pire des gangsters. Mais les banques ne le croiront pas !

De plus, quand ils vont se présenter pour une place, leur visage dur mais encore poupin et imberbe de dix-sept ans, avec leur carrure d'adolescent, les conduit tous au chômage... avec leur chien. C'est la dernière étape... et la source de maints désagréments. Les toutous nous restent sur les bras et le jeune ira vers d'autres stages qui sont, au cœur du chômage, l'« espoir haché » des jeunes de notre temps.

On est en train de régler ce problème de la gent clébarde envahissante. On reste avec les jeunes jusqu'à la majorité et au-delà. Mais ce type de stage est un magnifique miroir aux alouettes et un piège à cons qui coûte cher et nous cause les problèmes canins que vous savez.

**Bêtes d'amour**

Un jeune de notre équipe, abandonné par ses parents à l'âge de huit ans, les avait retrouvés après un long travail de recherche. À sa majorité, il est allé les voir plusieurs fois. Un jour, il a coupé les ponts. Je lui demandai pourquoi. « Ma mère, qui m'a martyrisé quand j'étais petit, m'a un jour, en me nettoyant violemment les oreilles, crevé un tympan. J'avais pardonné, malgré ma demi-surdité qui me rappelait les nombreux sévices subis. Et puis, à ma dernière visite, elle a dit ceci devant moi, quand elle a appris que le chien du voisin était régulièrement battu : “On devrait mettre ces gens en prison. Comment peut-on martyriser une bête sans défense ?” Je me suis tu. Et je suis parti. Je ne reviendrai jamais. »

Après cinq ans avec nous, je découvrais le pourquoi de la tendresse et de la violence de Marc. Ce jeune m'a souvent émerveillé par l'immense tendresse de ses gestes envers des animaux. Il savait mieux que quiconque approcher toute bête, même dangereuse.

Je te dédie ces pages, Marc. Le jour où je t'ai vu, toi si dur pour les humains, soigner tendrement un canard handicapé à la naissance et cruellement frappé par toute la troupe des oies, j'ai chanté dans mon cœur un hymne à l'espérance.

Le canard a survécu et je me souviens de ta joie.

Tu as réussi à t'en sortir. Parce que, sans doute, tu as pansé tes propres plaies en allant d'instinct vers l'être le plus faible. Toi, l'écorché vif, tu t'es investi comme tant d'autres dans les bêtes que tu ne pouvais supporter de voir souffrir. Elles te rendaient bien cette affection qui te faisait grandir.

Et puis tu m'as dit un jour en parlant de notre équipe :

« Je ne pensais pas qu'on pouvait tant aimer. »

Tu l'as bouffé, cet amour. Maintenant, tu le donnes.

Chaque fois que je te vois, je chante dans mon cœur un hymne à l'amour.

# 6
# PRODUIRE

## Travailler pour vivre

Quand je surprends l'œil narquois de Prosper, notre voisin, qui se bat dix à douze heures par jour pour faire vivre ses cinq cents moutons, je ne ressens aucune blessure... Il voit Faucon avec les yeux de celui qui vit pour produire. Et je précise que, pour vivre, Prosper doit batailler dur. Pas nous. Nous avons un autre regard.

Le surtravail (c'est ce que représentent les huit heures quotidiennes) est un excès scandaleux. On n'a plus le temps de vivre. Le temps de se trimbaler du lieu de travail à la maison, le temps de se remettre de la fatigue du boulot... eh bien, il ne reste plus le temps de se détendre, de réfléchir, d'échanger. Le week-end est fait pour ça, paraît-il ! Le temps de sortir de Paris (par exemple) et d'y rentrer après avoir happé un bol d'air, le repos est bouffé. On n'a plus le temps de rien, coincé dans des heures de travail et de transport qui sucent tout l'humain.

À nous d'inventer un nouveau type de société qui refuse le surtravail, et surtout de se laisser engloutir par la production. Peut-être alors naîtra l'espoir, pas forcément de l'égalité, mais de la répartition des tâches en fonction du désir et de la capacité de chacun. C'est ce qu'on tente de vivre à Faucon.

Au début, le gars ou la fille regarde, fait le tour des gens et des bêtes en respirant la nature. Peu à peu, il entre dans une des tâches en route : élevage, jardinage, bricolage en tout genre, ateliers divers, cuirs, menuiserie, poterie (créés par ceux qui passent), canal ancestral qui serpente sur huit cents mètres le long de la montagne, pour nous apporter l'eau, etc. Ils assument cinq heures par jour (vingt-cinq heures par semaine). Leur paie, je le rappelle, dépend d'abord de leur comportement et ensuite du travail effectué.

Quand ils ont pris l'exacte mesure de cet ensemble, entourés de chaleur humaine et d'amitié forte, les projets naissent, aussi classiques que farfelus. Les budgets suivent en fonction des désirs et des capacités de chacun.

Bruno, passionné par les escargots, avait demandé un petit budget pour les étudier. Ça le fascinait que ces mollusques trimbalent leur maison sur le dos, qu'ils puissent s'y réfugier à tout moment, s'enfermer l'hiver ou pendant les grandes chaleurs. Quand il a appris qu'en plus chacun d'entre eux possédait les deux sexes, ça l'a soufflé. Il n'arrêtait plus de parler de ces veinards qui n'avaient aucun problème de domicile ni de sexualité. Et puis, un jour, une fille est entrée dans sa vie. Elle a dû lui faire oublier, sur l'oreiller, la chance des escargots, car il semble, maintenant, très heureux.

## Les dons de la Providence

Les bêtes, suffisamment nombreuses pour assurer un travail quotidien pour tous et toutes, ne sont « financées » que par nous et par des amis. Les dons privés sont pour nous essentiels. Ils viennent à quatre-vingts pour cent de petites gens, pas riches, mais qui veulent partager.

La Bergerie de Faucon vit en grande partie grâce à eux. Je ne sollicite pas les dons, ayant depuis tant d'années vérifié que la Providence nous devance toujours et partout.

La priorité pour nous est de vivre le plus proches possible des jeunes dont nous avons la charge.

Quant aux jeunes, ce qui leur importe, c'est que nous soyons à leur service.

On a bien sûr des problèmes d'argent. Je dirais... heureusement !

J'ai vu assez d'associations pleines aux as mais n'éduquant plus, quand elles ne font pas de bénéfices sur le dos de ceux et celles qu'elles devraient servir.

Je préfère rester un capitaine toujours désargenté, mais maître avec mon équipage d'un bateau qui avance, même s'il avance cahin-caha.

Nous apprenons aux jeunes que le travail en commun, sur cette terre superbe, a triple nécessité : économique, physique et spirituelle.

Il faut qu'ils sachent, après la déroute totale où ils étaient, qu'ils doivent commencer à gagner par le travail ce qui est nécessaire à leur subsistance. Cette activité physique qui plaît à leurs muscles doit avoir un caractère épanouissant malgré sa dureté. Elle les équilibre, et parfois de façon étonnante. Il est bien sûr important qu'ils voient le résultat de leurs travaux.

Les cinquante kilos de miel obtenus avec nos quatre ruches, les œufs, le lait de la vache, les fromages de chèvre, la viande produite, les jambons des sangliers, tout cela est bien agréable à trouver dans son assiette.

Les jeunes se disputent les peaux qu'ils tannent et les cornes qui décorent la salle à manger. Un peu de laine de mouton est aussi récupérée.

Il y a bien sûr, en plus, un élevage folklorique. Tourterelles, mainate, hamsters, lapins et rats apprivoisés ont investi la maison. Tous ces animaux remplissent par leurs cris et leur tendresse un espace inassouvi chez nos jeunes : leur cœur. Peut-être, alors, justement, ces animaux sont-ils plus utiles que les plus productives des bêtes ?

Depuis le début de la création de la Bergerie,

nous voulons ne pas voir trop grand. Pourtant nos cinq hectares de terre cultivable ne nous suffisaient plus. Un paysan, dont les terres sont proches des nôtres, vient de nous vendre six hectares de prairie. Un ami les a achetés pour nous les offrir.

Providentiel acquis qui nous permettra, nous l'espérons, de nous suffire un jour à nous-mêmes pour l'alimentation des gros animaux.

Notre production jusqu'à maintenant est dérisoire. C'est le contraire de la rentabilité. Mais ça, on s'en bat les flancs. Ici, c'est la promotion de l'homme qu'on veut vivre avant tout. Nous refusons d'entrer dans le système des maquereaux et des salauds pour qui seule la rentabilité compte. Entrer dans le système de l'argent à tout prix, provoqué par le rendement qui, d'abord, doit être atteint, c'est faire de nous de malheureux esclaves.

On ne vend rien à Faucon. On partage si l'on veut avec nos mômes un moment de leur vie.

Les puissants ont réussi un tour de force prodigieux. Ils ont réussi à donner à leurs esclaves une obsession : leur propre esclavage. Bosser est pour eux une sorte de fétiche qui les fait vivre à genoux. Heureusement que des jeunes de notre temps ont compris ça et refusent de suivre l'image de leur père qui, à l'âge de la retraite, est complètement usé.

Cette prise de conscience, si elle devient un

jour générale, risque de foutre les puissants à bas de leurs trônes !

Dès qu'un gars ou une fille est capable, après plusieurs mois à la ferme, de s'en sortir – une bonne technique, un sens du travail bien fait et achevé... donc un gars « rentable » pour la microsociété que nous formons là-bas –, on l'aide à partir. Enfin, « on l'aide progressivement » à nous quitter et à prendre son propre envol. Il peut alors se débrouiller seul, et vivre debout et libre.

Un autre arrive alors... avec ses problèmes et ses fragilités dans cette communauté où le respect de la personne reste le seul impératif qui nous pousse à continuer l'expérience.

## La vieille dame

Dans une église, après une messe, une vieille dame était venue me trouver pour m'offrir de l'argent.

Je ne peux pas tolérer de recevoir des subsides quand il s'agit de la parole de Dieu. Je lui ai demandé d'où venait son pactole. Elle m'a expliqué qu'elle était veuve, et que son mari, un médecin, lui avait dissimulé l'ampleur de la fortune dont elle venait d'hériter.

Je lui ai d'abord conseillé de servir ses amis, ses voisins, sa famille. J'ai ajouté que, s'il restait quelque chose, eh bien, qu'elle me l'envoie.

Avant de se retrouver ruinée, elle m'a fait parvenir 50 000 francs. Pour Faucon. C'était le signe absolu de Dieu, puisque la ruine était estimée à 50 000 francs.

## Le bracelet d'or

Elle est entrée dans la permanence comme si elle dérangeait. Harcelé par une horde de jeunes bruyants et joyeux, je lui ai dit d'attendre.

Après un temps long, je l'ai reçue.

« Je serai brève, mon père. Voilà ce qui m'amène. J'ai été cambriolée pendant mes vacances. Les voleurs m'ont tout pris. Il ne me reste aucun bien de valeur. C'étaient des connaisseurs. Mais ils ont oublié seulement ceci qui m'était le plus cher. »

Elle pose alors sur mon bureau un lourd bracelet peint et serti de perles.

« Ce bijou date de 1900. Il appartenait à mon arrière-grand-mère. J'y tenais beaucoup. Mais, au fond, à quoi sert de garder un souvenir de prix ? Je vous le donne pour vos gars. Vendez-le. Il a de la valeur et aura alors pour moi la seule valeur qui compte à mes yeux : celle du partage avec ceux qui n'ont rien. »

Effectivement, expertisé et vendu, ce bracelet en or massif m'a permis d'acheter pour les jeunes de la Bergerie de Haute-Provence une jument et son poulain. Bête de trait et de labour, elle est un outil précieux de loisirs et de travail.

Quand je vois Joa et son petit Rasta paître dans le champ, je pense toujours à Hélène et à son cœur serti des perles de l'amour.

Perles offertes jusqu'au dernier carat...

Un chèque arrivé de Suisse. « Pour vos jeunes », écrit la donatrice. Je remercie en lui écrivant que c'est pour la future vache. Peu après, un autre chèque de même valeur arrive avec cette mention : « Pour le pis et l'arrière-train », suivi d'un troisième avec la dernière mention : « Pour la tête et les pattes avant. »

Cette dame, après mon premier merci, s'était renseignée pour savoir le prix d'un bovin. Apprenant alors que son premier envoi correspondait au tiers d'une vache, elle récidiva deux fois pour reconstituer Chiquita qui, ma foi, est heureuse d'être entière avec ses douze litres de lait quotidiens et son veau turbulent.

Enfin arriva (toujours de Suisse) un gros colis avec dedans cette simple phrase : « Voici la fleur après le fruit ! » C'était un collier pour Chiquita avec la cloche traditionnelle. Sonne, clochette amoureuse, le parfum et la saveur de la fleur et du fruit.

## Diamants de Russie

Comment ces deux diamants sont-ils arrivés dans mes mains ? C'est le mystère de l'amour. Par quelles mains sont-ils passés pour arriver dans ce paquet sordide à l'intérieur duquel avaient été tracés ces simples mots : « Pour les jeunes de la Bergerie de Faucon » ?

J'appris alors qu'une vieille mamouchka recevant régulièrement mes lettres semestrielles par une amie française avait tenu à être présente, par-delà les distances et des frontières si difficiles à franchir, dans la vie des jeunes qui cherchent à travers des chemins difficiles ce dont l'Europe libre et repue manque essentiellement : l'amour fraternel.

# 7
# PROGRESSER

## Un autre regard

Les quatre saisons ont, pour ces jeunes Parisiens, une importance qu'elles n'ont pas à Paris... Coincés dans cette ville gigantesque et n'en sortant jamais, ils subissent les saisons sans les apprécier réellement. En Haute-Provence, c'est tout autre chose. L'hiver est long. Quatre mois, parfois plus. Sec et très froid. Il neige souvent. Le spectacle de la ferme et de la forêt avoisinante, éclatantes de blancheur, est fabuleux...

À Paris, on s'enferme dans la HLM quand il fait froid. Le chauffage est automatique. Là-bas, rien de tout cela. Quand ils se les gèlent, il faut aller chercher du bois et le scier. Confrontés à cette vie rude et qu'on a toujours voulue pauvre, ils font un apprentissage dur, mais combien bénéfique.

Le printemps arrive très vite. Et c'est l'été. Il est très chaud ! Ce sont alors les bains dans les lacs et les piscines des environs, la pêche très appréciée par eux. C'est aussi la foule des estivants qui passent et apportent, avec leurs éternels déchets laissés aux abords de Faucon, une vie colorée, folklorique qui change de l'hibernation hivernale.

L'automne, là-bas, généralement doux et superbe, est aussi méconnu que paradisiaque. Ce sont les ors, les rouges, les ocres, les mauves qui se mêlent dans un déluge de couleurs et de parfums. Les champignons à ramasser, les truffes à détecter au pied de certains chênes. C'est aussi la paix, après les hordes touristiques de l'été. La chasse commence (petit gibier et sanglier). Peu de mecs y participent. C'est la distraction automnale des gens du pays, et ils aiment bien la vivre entre eux. Les hommes, les bêtes et les saisons apportent là-bas à de jeunes Parisiens écrasés de solitude, et souvent de désespoir, quelque chose d'incomparable – un regard *neuf sur tout et tous*, et d'abord sur *eux-mêmes*.

**« Tout neufs »**

« On n'est pas des paysans, mais ce que ça fait du bien de se sentir tout neufs là-dedans ! » disait Johnny, en se frappant violemment la poitrine. « Tout neuf », ça doit vouloir dire à peu près ceci :

Je peux enfin réfléchir, en sciant ce foutu tronc d'arbre,

loin des types louches aux combines dangereuses,

des bistrots ouverts jusqu'à trois heures du matin pour des mômes

comme nous,

des flics qui nous courent toujours après parce qu'on les emmerde,

des gens qui nous regardent comme des bêtes féroces,

des envies que j'ai de leur rentrer dans le lard,

de mes vieux qui hurlent en rentrant la nuit, puant la vinasse,

de cette putain de société où je me sens mal et qui me donne la trouille,

de tous ceux qui s'occupent de nous et nous rejettent le lendemain

comme des peaux de banane,

du fric qui court et grossit dans les mêmes poches,

des douze mètres carrés où on loge à quatre depuis seize ans...

**Se sentir utile**

« T'as vu ce que je suis capable de faire ! » ; « Regarde ce que j'ai fait ! » C'est le genre de réflexion que j'entends à chaque passage à la ferme de Faucon. Quand je vois au bout de quelques mois des muscles qui commencent à faire craquer les tricots de peau et les jeans, les yeux qui regardent (enfin !) en face, je me dis qu'ils deviennent ce qu'ils lisent dans le regard des adultes. Les jeunes de tous les temps forment leur identité non seulement de l'intérieur, mais aussi et surtout de l'extérieur : « *Ils tendent à devenir comme on les voit.* »

La justice française donne une réponse trop forte aux délits des jeunes délinquants et cause des dommages irréparables... Le souvenir souvent très pénible qu'ils conservent de leur arrestation, la justice qui les écrase, la peine démesurée qui leur donne un sentiment d'injustice et la prison qui les « étiquette » définitivement, tout cela provoque un taux de récidive inégalé en Europe. Pour les délinquants juvéniles, ce qui est important : *se sentir utile*. Quand ils vivent dans un climat chaleureux, et qu'ils peuvent créer à leur guise, en se sentant utiles, ils se libèrent d'une angoisse souvent terrible : leur *solitude*. Leur vie communautaire de Faucon les confronte aux autres. Ils ne sont plus tout seuls et ils bâtissent quelque chose. Leur marginalité fout le camp à toute vitesse dans cette autre confrontation avec les habitants du pays. « Je ne sais pas ce que j'ai. J'ai plus envie de voler. » Cela m'a pratiquement été dit par tous les jeunes de Faucon, dont certains comptent parmi les plus grands voleurs de Paris que j'ai connus. C'est la seule réponse que je donne à ceux qui me demandent : « Avez-vous un résultat ? Et quel est votre pourcentage de réussite ? »

Quelques-uns (une douzaine) se sont installés dans la région, sans gros problèmes. La plupart, après la ferme, sont passés par les familles d'accueil, dernière étape qui les assied solidement dans la vie. Quelques autres, enfin, sont restés à Faucon pour y maintenir, à leur tour, le cap. Ça, c'est l'espérance totale, parce que c'est la relève. Un petit nombre n'a pu trouver à travers le triptyque (le « 46 », Faucon, familles d'accueil) un équilibre, un lieu où se sentir bien. On les suit, fidèlement, que ce soit dehors ou en prison. Notre expérience est faite d'échecs et de réussites. Elle exige de nous une adaptation continuelle aux multiples facettes de multiples demandes.

Les quatre cents gars et filles qui ont déjà séjourné à Faucon ont voulu faire un bout de route avec nous. Avec eux, on a regardé devant. Donner un pourcentage de réussite, c'est faire le bilan du passé : passé qu'ils ont voulu effacer parce que des adultes ont posé sur eux un regard neuf. Effaçons-le avec eux. Mais quelle joie de regarder ces mains qui ont appris autre chose qu'à voler des portefeuilles !

Je me souviens d'un gars arrivant à la permanence. Je lui demande de planter un clou dans le mur pour accrocher un tableau peint par un mec en taule. Une heure plus tard, après de violents coups de marteau dans le mur, il commençait à apercevoir le voisin d'à côté ! Il a filé, les outils éparpillés partout, me laissant avec ma colère et ma diplomatie régler mon problème de voisinage. Il part trois mois à la ferme et revient à Paris. Par hasard je lui demande, à son retour, le même service pour accrocher, au même mur, autre chose. Le gars, après un choix judicieux d'outils, se met à percer le mur et, avec des gestes très précis, termine sa tâche proprement et sans problèmes. Sans un mot, il me rapporte tous les outils. J'ai dû vraiment comprendre Faucon, ce jour-là !

Ce qu'ils apprennent là-bas sur ce bout de terre provençale,

c'est *à lire en eux*,

c'est *à croire en eux*.

Ils ne sont plus seuls, et ils se sentent utiles. C'est en fonction de cela que tout le reste se bâtira. Vingt-deux ans après, quand je regarde le chemin parcouru avec eux, et sur leur demande, je me dis :

*Ils nous ont montré la route, finalement !*

*Ils restent nos maîtres.*

**Les vraies richesses**

Le pauvre a besoin comme le riche de beauté, de force, de grandeur. À Faucon, leur grandeur, c'est la pauvreté et la richesse de leurs mains qui ont bâti, de leur tête qui a imaginé, de leur cœur qui anime maintenant la baraque.

Autre grandeur, celle du temps. Ils ont mis *dix ans* pour la construire et l'habiter. On a tout stoppé, trois ans, faute de sous. Nous avons tous connu l'angoisse de savoir que le rêve pouvait s'arrêter au premier étage. Il n'y a pas eu de bulldozers triomphants, de mécènes aux larges mains bourrées de dollars qui, tout de suite, auraient tout transformé, sans peine, sans délai.

Il y a eu de multiples et petits donateurs qui, à la force de leur poignet, ont donné ce qu'ils pouvaient mais avec acharnement, fidélité, en refusant de penser à demain. Et bien sûr tous mes droits d'auteur engloutis dans cette œuvre de longue haleine.

Oui, leur espérance quotidienne a été la mienne. Quand, extasié, l'autre jour j'admirais les caresses des derniers rayons du soleil sur les murs ocre, je chantais intérieurement le *Magnificat*. Ce chant donne droit aux petits de réaliser leur rêve lorsqu'une poignée d'hommes et de femmes à leurs côtés mettent leur audace, leur acharnement, leur conviction et leurs talents à leur service.

La Bergerie est un lieu de dialogue, de travail communautaire et d'expression tous azimuts. Nous ne voulons pas être plus d'une douzaine pour garder ce climat familial. L'échange y est exigeant, décapant, et la minorité, en cas de vote, jamais écrasée, pour respecter les choix et les désirs de chacun.

Ils restent moins longtemps à Faucon que durant les dix premières années. Un an est une bonne moyenne. Cela suffit pour éradiquer leur violence à fleur de peau, leur désespérance lancinante des débuts et leur passé qui leur colle aux fesses comme un chancre.

Les bêtes, le travail, les règles communautaires, l'isolement leur font découvrir très vite que travailler de leurs mains, manger à l'heure, bien dormir, vivre les loisirs qu'ils adorent les intègre dans un monde dont ils s'étaient écartés suite à des désastres affectifs, familiaux et sociaux. Les fêtes des deux villages sur lesquels nos terres sont assises, les messes qui les réjouissent et auxquelles ils participent, notre propre fête d'été qui rassemble des centaines de personnes sont essentielles pour une intégration progressive. De multiples gestes aussi des Provençaux leur apportent amitié et chaleur, et font sauter leurs *a priori* contre l'adulte. Plus que tout, j'admire la véritable tâche éducatrice des serveurs des bars qu'ils fréquentent régulièrement. L'humain qui était l'ennemi n'est plus un étranger qu'on fuit. Leur comportement s'en ressent fortement. Pas une seconde à perdre pour, de jour en jour, les rendre buvables, tolérants, respectueux des autres et des règles. Travail de titan où mes équipiers successifs excellent. Si mes compagnons m'apparaissent plus fragiles qu'il y a vingt ans, le don qu'ils font d'eux-mêmes reste équivalent. Forts et tendres, ardents à la tâche : je suis toujours admiratif devant une telle présence. Donner deux ans de leur vie (c'est la moyenne pour chacun de mes adjoints), c'est un atout maître pour leur devenir. Tous et toutes témoignent : « Après le travail à la Bergerie, je ne serai plus jamais comme avant. » Plus dur que cette tâche, ils trouveront difficilement. Aguerris, ils pourront assumer les tempêtes de la vie.

## Aimer et être aimé

Le visage pacifié de Jo m'émerveille. Oh ! rien n'est acquis. Le meilleur de Faucon que chantent ceux et celles qui, malgré un suivi rude, constant, jusqu'au-boutiste, récidivent, ce meilleur reste dans leurs lettres, leurs souvenirs et leurs cœurs d'incarcérés. Nico exigeait durant ses dix ans de taule des photos de toutes les bêtes et des chantiers nouveaux. Visité, aidé, il est sorti récemment de prison. Son désir : revoir le Faucon de ses rêves. Trois balles dans la tête au cours d'un hold-up raté, quelques semaines après sa libération, ont stoppé le retour aux sources dont le désir hantait sa cellule.

Terrible destin de certains d'entre eux. Mais la joie pour moi d'être resté à leurs côtés, sans désespérer, sans baisser les bras, sans jamais croire que tout est fini, n'est même pas éteinte quand je leur ferme les yeux. Je sais que l'Éternité les enveloppera de l'Amour qu'ils ont désespérément cherché et qu'ils ont apparemment raté ici-bas.

Sur cette terre si belle et tourmentée de Haute-Provence, ils ont appris qu'ils ont le droit d'aimer et surtout d'être aimés. C'est pour cela que Faucon les fascine. Les bestioles qui se multiplient, les enclos qui surgissent partout ne sont que la façade dorée de cette histoire d'amour. Il faut les voir et les entendre en taule plonger sur l'image, raconter, resituer, questionner et évoquer les souvenirs marquants pour eux et elles.

Ils ont eu là-bas la preuve que le meilleur reste en eux. Même si, ce coup-ci, ils l'ont encore loupé. La prison peut alimenter leur déchéance, leur désespoir, mais aussi, à travers leurs seules années de bonheur, puiser là l'espérance qui, un jour, les sauvera. Gérard, Éric, Stef, Isabelle devenus compagnons à mes côtés, après nous avoir fait suer sang et eau durant des années, ne sont-ils pas notre plus grande fierté ?

Suivre Moktar, qui dès son arrivée fonce retrouver Martin, le compagnon de son adolescence à qui il parlait des heures entières, est allégresse. Je les suis côte à côte dans ces retrouvailles nostalgiques avec un passé où tout a joué : la chaleur humaine, la violence, qu'ils revoient avec les yeux apaisés de ceux qui ont mûri, leur refus dès leur arrivée de s'investir, leur intégration progressive.

Ce qui m'amuse, c'est qu'au bout d'un certain

temps, ils ne se rendent même pas compte qu'ils ont changé. Quand ils voient arriver des gamins qui sont exactement dans l'état de délabrement où ils étaient eux-mêmes au début, ils me disent : « Mais tu t'occupes de bébés maintenant ? »

## Le bonheur de Jean

Moments goûtés, attendus, ces six jours par mois avec eux. Dès mon lever, je vais les voir vivre. Entendre Jean me parler avec passion des canards, dindons, oies et autres volatiles me conduit sur la planète Mars. Adieu 6,35, adieu menaces et panoplies revendicatrices, qui m'avaient été crachées plus qu'exprimées des mois auparavant.

Voir Jean pile à l'heure porter ses deux seaux remplis de grains, pour nourrir les bêtes à plumes dont il est littéralement tombé amoureux, est un moment que je savoure.

Il a encore ses derniers gestes d'enfant et trouve d'instinct ceux du petit adulte. Le regard est direct. La parole est plus mesurée. Les muscles ont pris quelques rondeurs et la taille un peu de hauteur.

Et il me parle. Intarissable, il m'explique sa technique pour détecter d'œuf en œuf celui qui atterrira dans la couveuse. Il me dévoile, comme un secret d'État, qu'une canne pond toujours à la nuit tombante. « Juste avant de me coucher, je vais chercher son œuf », me murmure-t-il. Il ne se sépare jamais d'un carnet et d'un crayon pour comptabiliser avec orgueil la meilleure ponte d'Europe, selon lui. Le juge qui m'avait imposé le retour à l'école de Jean saura dans mon rapport que, quasiment analphabète, Jean a appris au moins à compter dans la plus belle école qui soit : la nature.

Inutile de décrire les premières semaines où l'oiseau Jean, faisant son nid à Faucon, n'avait ni la gentillesse ni la convivialité de ses canards. Mais plutôt l'agressivité du rapace en cage sautant sur tout ce qui bouge.

Vingt-deux ans après, Faucon n'a pas pris une ride. Il a trouvé sa vitesse de croisière. Et c'est pour moi et mon équipe une espérance pas possible.

## Une arme pacifique

S'il n'est pas toujours facile, pour les jeunes de Faucon, d'assumer les tâches quotidiennes, ils font volontiers des heures supplémentaires quand il y a péril dans la nichée.

Un jour, on constate que la portée de lapins a littéralement dévoré le ventre de la mère, morte bien sûr. Trop de petits pour trop peu de mamelles.

Près du feu, plusieurs fois par jour, il fallut

allaiter à l'aide de minuscules biberons les dix marmots lapins. Les jeunes, parmi les plus durs, dévoilèrent alors des gestes de tendresse qui nous étaient inconnus.

Tous les petits moururent, l'un après l'autre. Sauf un. Victoire fragile. Un soir, on entendit de petits cris. On se précipita. Il était resté coincé derrière la lourde plaque de fonte de la cheminée où il avait cherché un surcroît de chaleur.

Il mit heureusement peu de temps à mourir. Les jeunes, silencieux devant la cheminée, entendaient tristement, sans pouvoir intervenir, décroître la vie qu'ils avaient mis tant d'amour à maintenir.

Il y a des tâches multiples à accomplir sur cette terre de Provence ; en automne, aller couper le bois dans la forêt pour l'hiver, récolter des champignons, refaire le pigeonnier, consolider les enclos, sortir le fumier, etc. Tout cela gonfle les muscles, apprend à manier les outils et donne à chaque journée son poids d'effort et de travail côte à côte.

Mais se laisser apprivoiser par les humains et les bêtes et les apprivoiser reste l'outil de travail le plus efficace, car le plus riche par la qualité de la relation humaine et animale.

Les bêtes nous donnent leur peau, leur chair, leur lait, leurs œufs. Elles nous prêtent aussi leur flair, leur regard, leur force et leur beauté. Mais surtout elles nous accordent leur compagnie et leur émouvante fidélité.

Tout ce qui vole, nage, rampe ou galope participe à un mystérieux et immense équilibre. Cet équilibre passe dans les jeunes atrophiés quelque part.

Impossible d'écrire tout ici. Ce serait trop long. Mais nous savons, après plus de vingt-deux ans de vie en Provence, que tout ce qui se vit là-bas, au contact de la nature et d'une équipe forte et chaleureuse, apporte à ces jeunes meurtris un équilibre certain. Il sera, pour le monde qu'ils devront affronter et pour lequel on les prépare, une arme pacifique d'une grande efficacité. Il permettra, à des centaines et des centaines de jeunes déboussolés, de *progresser*.

# 8
# PRIER

## La fête eucharistique

« Ce qui m'énerve, c'est qu'ils s'assoient et se lèvent sans cesse, et puis, on n'y comprend que dalle, sauf le sermon. »

Cette réflexion est caractéristique des jeunes avec qui je vis, et qui me suivent au cours d'eucharisties en France. Pour eux, c'est un rite martien, hors planète, qui ne correspond absolument à rien de vivant.

Effectivement, pour moi, notre liturgie est souvent morne, insignifiante et parfois morte. Nous sommes encore trop prisonniers de rites figés, inadaptés, qui ne portent en eux ni vie ni espérance. Pourtant, quel chemin depuis Vatican II !

Je ne suis pas non plus d'accord avec une liturgie échevelée qui ne tient compte que de l'improvisation du prêtre, sans se soucier de ceux qui participent et qu'ils risquent de bloquer et d'agresser inutilement.

Bien sûr, il est inutile de faire le procès de la messe en latin. Ceux qui aiment prier en latin ont la possibilité de le faire, et il m'arrive de dire la messe en latin, rarement, mais avec joie, parce que j'ai une culture en latin, et que le latin me dit quelque chose.

Dans une grande église, où j'assurais toutes les prédications et les messes, un commando intégriste était venu à l'office pour en sortir avec fracas, et dénoncer par là ma présence. Cela avait déjà commencé à la sacristie où l'organiste, en me montrant au curé, avait dit : « Si c'est *ça* qui dit la messe, je n'y assisterai pas ! » J'eus le temps de lui dire : « *Ça*, c'est le représentant de Celui qui est arrivé parmi nous, comme un minable, et qui est mort entre deux gangsters. »

J'ai d'ailleurs commencé mon homélie en citant ce fait, et puis j'ai prêché à toutes les messes, notamment celle en latin. Étonnés, les traditionalistes m'ont demandé pourquoi j'avais célébré la messe en latin. Je leur ai dit que j'aimais la messe en latin, qu'elle me rappelait une culture latine due à quinze années de séminaire, et mes premières messes en latin.

C'est merveilleux, les premières messes d'un prêtre ! Conquis, certains « tradis » sont revenus à plusieurs messes. Là-dedans, aucune technique. Pas question de vouloir faire plaisir à tout le monde ou de vouloir peloter un public. Pour moi, il est simplement question d'aimer, de respecter le chemin des autres. Il est absolument certain qu'en voulant aller trop vite, nous, prêtres, nous avons fait reculer un certain nombre de chrétiens, paniqués par certaines élucubrations liturgiques qui les ont fait fuir de nos églises. Ou prendre d'assaut certaines. Ils n'ont pas tous les torts.

Comme j'ai entendu la douleur de cette vieille femme octogénaire à qui un curé avait arraché le chapelet qu'elle récitait pendant la messe. Elle m'a dit qu'elle fréquentait la paroisse depuis soixante ans, et qu'elle l'avait quittée depuis ce jour-là, définitivement.

Je me souviens aussi d'un désastre eucharistique auquel j'ai assisté. Des prêtres, voulant à tout prix donner dans le moderne, avaient complètement vidé l'église de tout. Les gens, agressés par « leurs Attilas », se serraient au fond de la nef malgré les supplications des prêtres pour les faire avancer. Des chants supermodernes, mais complètement inadaptés, étaient repris par le seul écho des voûtes. J'étais atterré en participant à une prière qui n'était qu'agressive et hérissante.

J'ai vu aussi le Royaume de Dieu en marche dans les paroisses de France. Telle celle de Vendée, où Robert, le prêtre de la communauté, laissait toute la place aux chrétiens. Il était celui, effacé mais combien présent, qui présidait l'eucharistie, mais qui interrogeait son peuple, qui à son tour dialoguait avec lui, en ne se considérant pas comme un sorcier mais comme un serviteur qui avait reçu pour mission d'annoncer la Bonne Nouvelle et de la faire partager à tous. Ça a été un des grands moments de ma vie sacerdotale !

Là, un prêtre ne se gargarisait pas de « partage avec les laïcs », de « il faut qu'ils découvrent leur place », de « pouvoir rendu aux chrétiens »...

Un peuple était en marche, d'abord dans sa vie de tous les jours, l'eucharistie était le rassemblement de l'Amour, où l'Esprit soufflait en tempête.

La liturgie, si elle est une fête, peut avoir une certaine solennité, sans n'être pour autant, bien sûr, que solennelle. Elle doit d'abord rester humaine, proche, comme le premier repas où, serrés autour de lui, les apôtres, après avoir longuement vécu avec Jésus, reçurent l'eucharistie, dans la nudité et la joie d'un simple repas.

C'est ce qui m'est apparu dans les gorges du Verdon. L'été, non loin de la ferme des gars, je dis la messe depuis vingt ans dans la chapelle du merveilleux petit village de Rougon, très haut perché au-dessus des gorges. J'ai réalisé ainsi un de mes désirs d'enfance : être curé de campagne.

C'est la seule messe que les mecs comprennent bien et à laquelle ils tiennent tous à assister, parce que, bizarrement, ils en sont les grands artisans. C'est en les voyant vivre dans la ferme toute proche et tout mettre en commun que j'ai compris que cette messe avait un sens pour eux.

Je ne veux parler de cette fête eucharistique qu'après avoir dit ce que nous vivons là-bas. Parler de liturgie, sans parler de ce qu'on vit tous les jours, c'est vouloir habiller un chimpanzé en habit de soirée...

« Ils partageaient tout », dit l'Évangile de saint Paul, en parlant des premières communautés chrétiennes. L'eucharistie, pour moi, commence là, sinon, elle est bidon, voire hypocrite, de toute façon sans signification. Leur façon de vivre, aux garçons et filles qui sont à Faucon, est pour moi la découverte du partage.

Le partage, ç'a été aussi, quand nous étions à Rougon, une demi-journée, l'été, consacrée à la commune (nettoyage du cimetière, des alentours de l'église, ou toute autre tâche communautaire). C'était pour nous un témoignage de reconnaissance et de gratitude pour le village qui nous avait accueillis avant Faucon, notamment pour les anciens qui maintiennent la vie tout là-haut, s'accrochant à leurs pierres et entretenant la chaleur des murs.

J'ai bien senti tout de suite que c'était une trentaine de vieilles mémés, restant toute l'année, qui empêchaient de faire mourir le village, envahi, l'été, par leurs enfants et petits-enfants.

Fort loin des loubards apparemment, elles m'étaient apparues très vite fort proches d'eux. J'avais noté aussi qu'à la fête patronale de Saint-

Christophe, le dernier dimanche de juillet, les jeunes seuls s'amusaient, mais les vieux étaient laissés pour compte, du moins dans les cérémonies religieuses.

Quand une vieille mémé de quatre-vingt-six ans m'avait demandé au cours de la première messe que j'avais dite là-haut : « Est-ce que vous ne pourriez pas refaire la procession de Saint-Christophe ? », en accord avec le curé, je l'ai refaite avec la satisfaction dont j'ai déjà parlé.

Quelle extraordinaire découverte pour moi ! La joie des regards des anciens nous payait de toutes nos peines. En effet, les gars ont été tout de suite partie prenante. La chapelle quasi abandonnée était devenue somptueuse. De vieilles tentures sorties du fond des armoires rappelaient à certains anciens les longues soirées où les arrière-grands-mères tissaient amoureusement les tentures de l'autel.

### Une touche de folklore

Ce fut un jour exceptionnel. Cette liturgie, il faut le dire, n'avait rien de vieillot, puisqu'elle rassemblait toute la famille humaine d'un village. Mado, la vieille poétesse octogénaire du village, récita à l'Offertoire un poème provençal dédié à la chapelle. Michel chanta l'*Ave Maria* avec les fausses notes de son adolescence. Petits et grands participaient, parce qu'ils se sentaient particulièrement aimés, je crois.

Faire retrouver aux gens leurs racines et surtout démolir toutes les barrières entre les anciens et les jeunes, ça peut être l'occasion d'un renouveau liturgique où l'humain et le divin s'assembleront.

Ce sont ceux que l'on appelle des loubards qui y sont parvenus ce jour-là, dans les gorges du Verdon. Ils étaient au cœur du rassemblement. Comme je manquais de diacre et de sous-diacre, deux lascars sortis de prison m'ont demandé de jouer le « rôle ». J'ai accepté. Ils se sont tenus avec une solennité et une piété qui m'ont surpris. Il ne manquait que la note folklorique, elle a trouvé sa place. Un des gars, paré d'une magnifique dalmatique, n'a pas trouvé mieux, pendant la cérémonie, que de se gratter le bras. Une superbe femme à poil apparut, tatouée sur la chair. J'ai discrètement fait disparaître la fille en tirant sur la manche !

En racontant cette procession à des prêtres ou des chrétiens se disant très avancés, j'ai lu, deviné sur leur visage un sourire moqueur ou affligé, ou entendu des réflexions du type : « Tu ne fais là qu'entretenir une religion populaire teintée de superstition… » Je ne chercherai pas à me justifier. J'aimerais relire l'Évangile avec eux.

Quand je relis que des dingues ont crevé le toit d'une maison pour descendre devant le Christ un paralytique couché sur un lit

(Marc, II), ou que la femme cananéenne voulait toucher à tout prix la robe de Jésus, pour être guérie de lui (Matthieu, XV), je ne peux m'empêcher de penser aux foules souffrantes d'Amérique latine ou aux anciens de Rougon, avançant à genoux pour toucher, adorer, prier et être exaucés, Jésus ne les repoussant pas.

Il respectait cette simple foi de charbonnier si intense. Une infinie tendresse s'emparait de Lui. Loin de repousser ces manifestations de religion populaire, elles L'émeuvent au point qu'Il pardonne et guérit.

Cette procession dans ce village perdu de Provence, grâce à un culte apparemment vieillot mais plein de fête et de lumière, m'a fait découvrir les racines profondes des gens. Et puis, à partir de cette procession, j'ai vu naître un climat d'amitié assez extraordinaire entre croyants et non-croyants, jeunes et vieux, loubards et paysans. Elle semble avoir débouché sur une libération qui a fait sauter maintes barrières grâce aux gars qui ont su crever les toits les plus solides, pour, sans le savoir, aider d'autres à atteindre Jésus-Christ. C'est ça l'essentiel. Une eucharistie faisant tomber les barrières, ouvrant les horizons de l'universalité, du partage, du dialogue et du respect de chaque personne. C'est ça l'eucharistie d'aujourd'hui et de toujours. C'est la fête de l'Amour où chacun se reconnaît frère de l'autre.

Combien de jeunes me disent qu'ils en ont

marre de la messe, qu'elle ne leur apporte rien ! Je leur réponds : « Que faites-vous pour qu'elle soit vivante, humaine ? Si vous vous heurtez à l'inertie des prêtres, interrogez-les, provoquez-les, mais ne décrochez pas. Si votre soif ne peut s'assouvir là où vous êtes, cherchez ailleurs l'eucharistie source de vie. Il me semble impossible que dans ton quartier, ta ville ou ta région, il n'y ait pas une eucharistie qui t'apporte le souffle d'amour et d'espérance que tu cherches. Je connais dans beaucoup de villes de France des lieux de rassemblement du dimanche qui n'ont rien de folklorique ni d'exceptionnel, mais où il fait bon prier ; cherche et vas-y. »

L'eucharistie restera toujours le sommet de notre prière, le sommet de l'amour, rien d'autre ne la remplacera. Je me souviens d'un papier ronéotypé, envoyé à des militants chrétiens d'une paroisse. Atterré, je lus : « Pour simplifier, il n'y aura pas d'eucharistie. »

Quand je vais participer à des sessions chrétiennes, je note toujours l'heure de l'eucharistie. Si je n'ai pas le temps de suivre entièrement la session à cause de mon boulot, je ne manque jamais le partage eucharistique.

Entre chrétiens, tout peut être dit là. La messe, c'est Noël tous les jours.

## Être seul cette nuit-là

Pour certains, Noël, ce n'est pas toujours Noël. Éric savait bien qu'il lui restait encore six mois de prison à faire, pour une affaire de vol de voiture. Mais sa femme attendait un enfant. Alors il a profité d'une permission pour se mettre en cavale. Un seul moyen pour se faire oublier : trouver un appartement et le mettre au nom de sa femme. Noël approchait. Il en avait passé cinq en prison.

Et son plus beau cadeau de Noël arrive : Victoire met le nez à la fenêtre trois jours avant les fêtes. Fou de joie, il bondit à la mairie et fait enregistrer sa fille, à son nom.

Le lendemain, on frappe chez lui. C'est la police. Effondré, il ouvre. « Comment m'avez-vous trouvé ? – C'est ta fille qui t'a "balancé" ! explique un policier. On a vu par hasard son nom et le tien dans la rubrique des naissances sur le journal. On a voulu vérifier. Il nous a suffi d'aller à la mairie et de demander ton adresse. »

Il a eu beau supplier de se rendre après les fêtes, il a dû quitter le berceau en pleurant, menottes aux mains. C'était la veille de Noël.

C'est la fête la plus dure à vivre en prison. Fête de famille, elle ajoute, pour les sans-famille, un peu plus de tristesse ! Combien de mecs m'ont écrit que la seule carte de bon Noël reçue était la mienne ou celle de mon équipe ?

Combien recevront un mandat, un colis ? De plus en plus d'organismes y veillent. Mais il y a encore beaucoup à faire. Combien verront le visage d'un parent, d'un ami, quelques jours avant ?

De belles choses se passent pourtant, notamment grâce aux aumôneries et aux visiteurs de prison.

À la prison de Blois, dans le colis envoyé à tous, il y avait une jacinthe en bouton. C'est ce que les prisonniers ont le plus apprécié. Dans leur désert, voir pousser lentement des fleurs et sentir leur parfum embaumer une cellule n'a pas de prix pour certains.

Des fêtes sont organisées par et pour les prisonniers. Orchestres, théâtre, chorales commencent à remplir les heures qui annoncent la fête de la pauvreté, de la lumière et de l'espérance.

Ceux et celles qui désireraient se rendre utiles peuvent écrire à l'aumônier de la prison de leur département. Il leur indiquera la meilleure façon de partager avec les plus exclus de nos frères et sœurs.

Accueillir un prisonnier sans famille, pour les fêtes, quand il en a la permission, serait un pas important dans le partage.

J'aurais bien aimé passer un Noël en prison. Mais je n'ai jamais pu. Accueillir cette nuit-là tous ceux et celles qui traînaient dans mon quartier m'a semblé prioritaire. Pêle-mêle, vieillards isolés, loubards foutus à la porte de chez eux, mecs sortis de prison étaient la crèche que notre F 3 accueillait pendant les premières années à Paris.

Depuis cinq ans, nous avons créé une crèche vivante dans la chapelle que je dessers depuis vingt ans. Sous le porche de la chapelle des Templiers, veaux, vaches, moutons, ânes, lamas et alpagas attendent la foule des paysans venus pour la messe de minuit. Ces bêtes pacifiques ne sont pas toutes très « chrétiennes ». Il a fallu courir une nuit entière pour récupérer l'âne et les lamas qui avaient sans doute trouvé la messe un peu longue...

Après la messe de minuit où les Provençaux se mêlent aux jeunes de la ferme, c'est toute la nichée des mineurs sortant de prison et quelques anciens qui se serrent autour de notre grande table. Un repas simple et bon, des cadeaux pour chacun. Et, bien sûr, un tour à l'étable pour fêter les héros du jour : Martin l'âne, Mimosa la vache, les moutons qui, eux seuls, n'apprécient pas nos cadeaux nocturnes. Même les sangliers, réveillés, dévorent la pomme « liturgiquement » offerte.

Reste toujours pour moi la hantise de savoir quelqu'un dehors cette nuit-là.

Mon rêve est que chaque chrétien décide d'accueillir au moins un de ses frères et sœurs, dans la peine ou dans la solitude, ou bien un inconnu qui cette nuit-là croise sa route.

C'est ce qu'a fait, une nuit de Noël, un de nos

garçons à Paris. Trouvant une ancienne de quatre-vingt-cinq ans, sirotant son énième demi dans un bar du quartier, il nous l'a ramenée, séance tenante, en me disant simplement : « Ça ne se fait pas d'être seule, cette nuit-là ! »

Serons-nous assez pauvres pour inventer de tels gestes ?

## Mes loubards « eucharistiques »

Des mois après son arrivée, d'instinct, naturellement, j'interpelle un de mes compagnons, aux qualités remarquables, avec qui j'ai partagé mes idéaux humains et évangéliques : « Tu es un sacré militant chrétien. Dans quel mouvement as-tu appris ton militantisme ? – Dans aucun, me répond-il. Je ne suis pas chrétien. » Saisi, je me tus. J'avais bien remarqué qu'à chaque grande fête, il laissait les autres aller à la messe pour préparer le repas amélioré. Mais j'y voyais une abnégation que j'admirais. Comme je ne demande jamais à quiconque ses idéaux de vie dès son arrivée, je m'étais une fois de plus mépris sur le sens de sa présence. Et tant mieux.

Ce qui me presse secrètement au fond de moi-même, c'est de partager l'Eucharistie avec ceux et celles qui me sont le plus intimes, ceux qui sont devenus mes compagnons et qui partagent le chemin si dur de « notre » tâche. Mais les repas qui s'éternisent, malgré les mille fourmis qui inciteraient plutôt nos jeunes à détaler et la réunion finale d'après le dessert où chacun s'exprime ne sont-ils pas Eucharistie bénie de Dieu ?

Cette proximité dans le travail, les loisirs, les coups de gueule et les moments de paix ne témoigne-t-elle pas de la présence de Dieu Amour qui hante notre communauté ?

La présence autour de moi de jeunes loubards à chaque Eucharistie, pour la plupart musulmans ou athées, n'est-elle pas la réponse la plus belle à ce désir secret de partager l'essentiel ? Bien sûr, ils ne communient pas. Ils ne croient pas au Christ ressuscité. Mais leur tenue, leurs gestes, leur silence, leur attitude recueillie ne sont-ils pas hommage suprême à l'Amour qui descend dans mes mains d'argile ?

Une seule fois en vingt ans, le démon de la violence qui les habite s'est déchaîné, juste avant que je célèbre. J'arrive sous le porche de la chapelle et entends des éclats de voix. J'aperçois un des enfants de chœur menaçant avec sa croix Samir, dont l'aube est maculée de sang. Les anciennes, rasant les murs, entraient apeurées dans le temple. Je m'interpose aussitôt et prie Thomas de quitter les lieux. Suite à des insultes, un coup de boule avait départagé les belligérants. Après la tendresse, la colère de Dieu s'est déchaînée par mes poings toujours évangéliques, mais éducateurs dans le châtiment. On en rit toujours avec Thomas et Samir devenus adultes, quand nous évoquons cet incident unique.

Il y a quelques semaines, sœur Emmanuelle du Caire, préparant son repos éternel dans une retraite voulue par ses supérieures, tout près de Faucon, a partagé une journée de notre vie. Après avoir voulu tout voir, tout écouter, l'intrépide sœur ayant enjambé la clôture des sangliers avec ses gambettes octogénaires, pêché une truite, gratté le sol avec nos jeunes, s'est enfin assise sur l'herbe, à l'ombre d'un grand chêne, pour célébrer l'Eucharistie.

Les jeunes et quelques compagnons assistaient à cette messe champêtre, à quelques mètres, comme d'habitude.

Au baiser de la paix, main dans la main, je saluai la combattante d'Égypte aux innombrables luttes contre la misère. Notre chienne Aïsse, énorme clébard des Pyrénées, vient s'asseoir à côté de la religieuse. Sœur Emmanuelle a alors ce geste touchant et improvisé. Elle met son autre main sur la crinière de la bête. Tout était dit, exprimé. Les bêtes, nécessaire appui de notre pratique éducative, et l'amour qui nous lie pour annoncer Dieu étaient réunis dans une même image.

Hamid me l'a assez répété pour que je vous l'écrive : « Musulman, j'ai trouvé ici un sens à ma vie, une découverte de Dieu que je ne pouvais imaginer. »

**Nous avons chanté l'Amour**

Yusuf, musulman, lentement égrène les notes qui appellent à la prière. Ancien, et muezzin dans son lointain pays, il chante, juste au début de la cérémonie de mes trente ans de sacerdoce, l'appel à la prière.

Moumousse, bouddhiste et ancien aussi, livre quelques phrases à notre méditation.

L'évêque de Digne prend le relais pour rassembler dans le Christ tous ceux et celles qui sont venus célébrer l'Amour. Inviter des croyants de différentes religions à chanter l'Amour de Dieu ne trouble pas une cérémonie chrétienne, mais l'amplifie et rend à Dieu ce qui lui est dû : la louange de toutes ses créatures, quelles qu'elles soient. Dieu n'a aucune barrière religieuse. Il doit se ficher complètement de nos clivages théologiques et de notre façon différente de Le louer. Son cœur entend tout, de la part de tous et toutes.

Des milliers de fois, j'ai fait descendre l'Amour dans mes mains d'argile. Je ne connais pas de plus grand moment.

Trente ans, ce n'est rien et tout à la fois. La première fois, c'était le 3 juillet 1965, dans la cathédrale de La Rochelle, avec l'évêque de mon diocèse d'origine. Je balbutiais, éperdu de joie (et en latin), ma première Eucharistie.

Le chemin parcouru s'incarne sur la prairie, au bord de la Bergerie de Faucon où la messe est célébrée. Les autruches, toutes proches de l'autel, ont paradé durant toute la cérémonie.

Enfants de chœur, jeunes loubards et petits de nos anciens s'agrippent autour de l'autel. Des centaines d'amis venus de toute la France, de Suisse et d'Algérie chantent Dieu dans la joie de la communion qui nous rassemble.

Ah non, je ne suis pas seul ! Mes équipiers sont là aussi. Tous et toutes ont préparé d'arrache-pied ce moment. Certains, sans croire en Dieu. Pour eux, seule notre action éducative a une valeur, un sens tangible, palpable.

Ils savent seulement que ma source est dans ce moment-là. Ils la respectent. C'est tout. Sans cette source d'eau vive, j'aurais depuis longtemps baissé les bras.

La reine Paola de Belgique a tenu à venir prier avec nous. Nichée au milieu de ma famille, tout protocole exclu, elle a reçu deux bénédictions. Celle, finale, de la messe, et celle de mes sangliers, ravis de saluer, avant la messe, notre royale invitée. Pour se faire, ils l'ont éclaboussée de boue en sautant sur la barrière d'où la reine, fascinée, contemplait ces énormes bêtes !

Quelques jours avant, j'avais passé vingt-quatre heures avec ma mère. À quatre-vingt-trois ans, il était exclu qu'elle vienne. Arthrose oblige ! Me réchauffer à la source de l'amour reçu dès mon arrivée sur terre, il y a soixante ans, c'était aller au cœur de mes deux vocations de prêtre et d'éducateur.

Sans l'amour souverain de mes parents, je ne pense pas que Dieu m'aurait fait signe. Son ciment, c'est l'Amour. Et mes parents m'ont construit sur ce roc-là. Sans leur fidélité et leur présence faites de force et de tendresse, je ne pourrais pas créer à mon tour les gestes d'amour qui me poussent à aller d'instinct vers les plus démunis.

Mes deux vocations se mixent, sans heurts, sans déchirures. En plénitude.

C'était ma méditation, la foule partie et la communauté endormie. Sous les étoiles de Provence, à quatre heures du matin. L'heure où d'autres guerriers de Dieu sortent du sommeil pour chanter le Créateur, aux quatre coins du monde. Dans la plus prestigieuse abbaye ou dans le plus humble couvent.

## Vivre en communion

J'ai vécu avec les jeunes, à Faucon, des moments de communion parfois extraordinaires.

Ce peuple déchiré, tiraillé, a une soif d'infini qui s'exprime de façon étonnante quand il se sent aimé, compris : « Tu dois te faire chier tout seul à l'autel, m'ont-ils dit parfois après la messe. – Non. Le Seigneur est là et pour moi c'est prodigieux. » Peu à peu, ils ont envahi l'autel. Louis est devenu mon « cérémoniaire pontifical attitré ». Moment intense de communion.

Leur catéchisme, c'est notre vie. Nous n'avons que ça à leur offrir comme enseignement. Le reste vient après, quand ils posent des questions. Il est exclu qu'ils veuillent entrer dans l'Église. Cette dernière n'est pas prête à les accueillir. Les offices religieux que je préside les intéressent, au moins qu'ils y participent. Ils en restent là. Nous savons que notre façon de vivre est une communion et que les valeurs humaines et évangéliques en sont le centre. C'est l'essentiel.

Pour peu qu'on les tire vers le haut, dans une ambiance où règnent la solidarité, le partage, l'égalité, ils s'intéressent à autre chose qu'au sexe qui, à cet âge, est au hit-parade de leurs échanges verbaux. Ou au fric qui, hier, était le but suprême.

En dehors des préoccupations immédiates propres à tout jeune, ils ont des idées de génie quand ils savent qu'ils peuvent tout dire, tout créer. Ils ont une façon de critiquer mes compagnons et moi-même, directe, franche et souvent délicate, qui est leçon pour nous.

## Chaque matin de Pâques...

C'est sur les crêtes de Haute-Provence que je fête toujours Pâques. Le printemps jaillit sur les cimes sublimes dominant les gorges du Verdon. La petite chapelle provençale, après une longue hibernation, embaume la fleur d'églantier.

Les moutons de Prosper paissent l'herbe tendre autour des amandiers en fleur. Les garçons de la ferme, tous fidèles à ce rendez-vous pascal, s'accrochent aux cloches du village et à celle, fêlée, de la chapelle. La sono envoie les cloches de Rome.

Les anciennes, à petits pas pressés, descendent vers la chapelle, en babillant. J'attends la dernière, toujours fidèlement en retard, pour chanter la résurrection.

Des visages apparaissent alors. Celui de Christian d'abord, mon neveu bien-aimé, noyé dans les gorges du Verdon. Son visage si pur me hante alors.

Il est là-haut. Il veille au grain.

Son corps repose contre le mur de la chapelle. Je veux garder son souvenir le plus longtemps possible, sachant que c'est sur les crêtes toujours que le soleil nous réchauffe de ses derniers rayons.

C'est donc là que les visages de ces gosses resplendissent dans l'amour que je fais descendre humblement dans mes mains nues, chaque matin de Pâques.

## Le silence de la paix

Faire retraite est donné à tous et partout. Notre problème est de ne plus trouver le temps de faire silence et d'aller spontanément, on se forçant, dans un espace qu'on aime, combler ce temps, qui peut être silence absolu, demandes, pardon, joies ou peines déversées.

Il est un sommet que j'aime particulièrement. C'est la chapelle de Rougon. Elle m'apporte, chaque été, la lumière des cimes.

Les gars et les filles, après avoir refait la chapelle et m'avoir aidé à reconstituer la vieille procession de la fête de saint Christophe, ont rassemblé, sans bien le savoir, une foule d'anciens du pays, de touristes et de jeunes. Ils m'ont de plus permis de vivre là une de mes plus grandes joies sacerdotales.

Après la grand-messe du matin, messe priante et folklorique à la fois, c'est le soir qui tombe sur la chapelle illuminée. Les flonflons du bal se perdent sur ses murs lointains, baignés dans le parfum des nuits provençales.

Un soir d'il y a cinq ans, après avoir veillé au grain auprès des jeunes qui dansaient, las, je suis allé à la chapelle. J'avais exposé le Saint-Sacrement une heure avant le bal et fermé le sanctuaire. Je l'ouvre, allume tous les cierges, fais brûler un peu d'encens et me mets à prier. Oubliant l'heure et le temps, j'étais bien, là, tout seul.

Des gens, revenant bruyamment du bal et voyant la chapelle provençale brillant de tous ses feux, sont entrés furtivement. Beaucoup se sont assis un moment et, comme à regret, sont partis. Depuis cinq ans, la chapelle est ouverte toute la nuit du bal. Des dizaines de personnes viennent, toujours après le bal, faire silence ou prier.

Il faut donner des occasions de silence et de prière. Nos messes sont souvent trop bruyantes, pas assez priantes. Il faut créer des lieux où, quels que soient notre religion, notre vie, notre âge, notre pauvreté ou richesse, chacun de nous puisse, partout, même une nuit de bal, entendre et goûter, ne serait-ce qu'un moment, le silence et la paix de Dieu qui passent.

Il y a des moments qui peuvent faire basculer toute une vie.

**Quand j'y pense...**

Quand j'y pense, quand je songe à Faucon, à tout ce chemin accompli, je me demande parfois comment j'ai fait pour en arriver là. Les mecs aussi. Certains sont surpris de voir cette espèce de curé pour taulards transformé en curé de campagne. À la Bergerie, je bêche, je sarcle, je récure, je greffe, j'arrose ; je donne à bouffer aux sangliers ; je célèbre l'eucharistie en plein air, je danse, un soir de fête, avec une jeune loubarde. J'écoute les jeunes qui viennent toujours m'aider à travailler.

Né à Rochefort-sur-Mer, j'ai reçu très tôt la vocation. Lorsque j'ai annoncé à mon père, à treize ans, que je voulais être prêtre, heureusement qu'il était assis, sinon il serait tombé sec par terre.

Particulièrement difficile parmi mes quinze frères et sœurs, rien ne laissait présager que j'allais avoir cette idée farfelue : être curé.

Mon père, parfois, s'arrachait les cheveux à la perspective de ce que j'allais devenir. Et puis ce soudain désir, « comme une envie de pisser », m'a dit mon père !

J'ai vécu la guerre d'Algérie. J'ai été fait prêtre en 1965 à Alger, où j'ai désiré rester.

Une nuit, la rencontre d'Alain, quasi abandonné, poulbot des rues de Blida – la ville des roses – où j'étais vicaire, a fait tout bifurquer. M'occupant d'un groupe important de jeunes Blidéens passionnants, j'ai découvert à travers Alain ce qu'était un môme qui ne comptait pour personne. C'est lui qui m'a révélé, à travers ses appels répétés à aider ses copains, qu'il me fallait passer de lui à tous les autres si je voulais vraiment « évangéliser ». C'est lui qui m'a conduit auprès de ses frères de rue. J'ai quitté l'Algérie en 1970, pour vivre à Paris avec les jeunes paumés. Un grand bol de violence, de solitude, de pollution. L'apprentissage. Les batailles de rue. Les prisons parisiennes. Surtout Fleury-Mérogis et le quartier des mineurs.

Et puis Faucon.

# 9
# ESPÉRER

## L'après-Faucon

L'après-Faucon, pour nos adolescents, est une autre aventure, longue, dure, exigeante. Mais pleine d'espérance. Les familles d'accueil ont la mission de continuer notre tâche en les intégrant dans le tissu social, par des stages. Rarement par une scolarité. J'admire là aussi la belle constance de tant de foyers qui se serrent pour laisser la place à celui ou à celle qui, pour la première fois, voit un couple équilibré, des enfants heureux, un environnement familial stable. Réussites et échecs font partie de notre lot. Le lot aussi de ces foyers aimants. Une immense patience, une persévérance faite d'espérance, de pardon et de : « Tu es tellement meilleur que la connerie que tu viens de faire », assurent doucement l'ancrage dans la société. Certains patrons qui subissent le choc de leur arrivée au travail sont à canoniser.

Le téléphone joue à fond la caisse, pour dynamiser le couple militant prêt à baisser les bras ou le patron qui, pour la énième fois, a envie de mettre à la porte celui qui va au travail comme un taureau entre dans l'arène.

Gaby assure cette tâche énorme : établir le lien avec les familles d'accueil. Il s'agit d'assurer l'après Faucon. Colette, elle, maintient la relation avec ceux qui ont récidivé. Quand tout s'écroule à nouveau : plus que jamais, être là. De prison en prison, Colette vit cette constance, avec dans son sac les photos de Faucon, le cœur et le regard ambassadeurs de notre amitié et de notre solidarité.

## D'autres forces se lèveront

La soixantaine est là. Mon énergie n'a pas baissé. Mais il faut préparer les lendemains pour une succession qui se profile à petits pas. Une fondation qui se sclérose part en quenouille. Après moi, d'autres forces se lèveront pour assumer l'avenir. Ça je le sais absolument. À moi de prendre peu à peu assez de champ pour laisser la barre et vivre près de Faucon dans ce chalet dont je rêve, avec mes clébards, mes sangliers et mes fleurs. Avec un seul souci : maintenir le cap, tout en déléguant toutes mes responsabilités. « Après moi, pas de déluge. »

**Je garderai mon rêve**

Reste que, s'il y a une chose dont je me fous, c'est bien de demain. Aujourd'hui me suffit plus que largement. Il y a tant de choses à faire en vingt-quatre heures. Prier, dormir, manger peu, et donner tout le reste au service des blessés qui frappent à ma porte. Mes équipiers et moi-même marchons à l'heure d'aujourd'hui. Ça donne une force pas possible.

Pour ma part, le désir brutal de tout donner aux autres, à treize ans, ne m'a pas quitté un seul instant. Merveilleuse drogue qui me conduit dans une joie permanente, au fil des heures et des jours, à tout investir dans l'amour. Et avant que mes « vieux os » ne répondent plus, que mes nerfs lâchent ou que mes muscles jouent au ralenti, on peut encore faire des choses. Puis je me réfugierai dans mon chalet en pleine forêt. Je pourrai à loisir vivre ce silence qui me hante. Silence de Dieu en pleine nature avec mes trois chiens (quelques sangliers évidemment) et mon parterre de fleurs.

À moins que l'Église ne m'appelle à d'autres missions ! Elle a le secret de ne jamais démobiliser celui qui la sert, les mains nues et offertes, les pas obéissant à l'appel du sentier escarpé qui ne descend jamais. Alors je garderai mon rêve. C'est la meilleure façon de ne jamais vieillir.

Il y en a une autre. C'est de lire, de relire les

témoignages écrits de ceux qui sont venus un beau jour à Faucon, et qui en sont partis transformés. Ces témoignages, ces lettres que je reproduis ci-après, ce sont, après tant d'échecs surmontés, mes vraies victoires. Celles notamment de mes compagnons.

Colette, François, M'Hammed... Je vous écoute. Écoutez-les.

**Colette : « Vivre la miséricorde »**

J'avais découvert la « rue » avec les jeunes adultes sortant de prison (un an de bénévolat). Cette première expérience, rude et captivante, m'avait appris l'écoute, les efforts de mémoire pour fixer le plus important des conversations avec les gars, la sincérité totale qui fait naître l'amitié et crée des liens fraternels.

Participer modestement à la vie de l'équipe du « 46 », comme secrétaire et être mêlée de tout près à la mission d'un apôtre du Christ a rendu immense mon affection pour eux. Pour mieux se connaître il suffit souvent d'interrompre la frappe d'une lettre, ou l'inscription d'une adresse sur un registre pour répondre aux questions d'un jeune à qui j'ai eu juste le temps de faire la bise en entrant dans la permanence.

Dans la correspondance avec les prisonniers, la même présence affectueuse les aide à tout surmonter, à retrouver le courage qui fuit, à suivre de loin l'évolution de l'équipe et des lieux aimés.

Les photos de la Bergerie et des bêtes qu'ils ont aimées sont demandées, voire « exigées ». De prison ils m'écrivent : « C'est le paradis. Mes meilleures années. J'y ai vécu les plus beaux moments de ma chienne de vie... »

On attend avec une grande joie de part et d'autre de se voir dans les parloirs des prisons dont je suis visiteuse. Ce qui se dit dans la lumière de nos regards dépasse la conversation et ne s'oublie pas.

Toutes ces dimensions humaines ont leur source et leur épanouissement dans la prière. Au « 46 » comme à Faucon, Quelqu'un est présent. Le Christ en eux souffre beaucoup mais Il nous offre aussi Sa joie et Sa douceur. Ils ne le savent pas exactement. Mais ils en vivent. Pourquoi décident-ils d'être tous et toutes enfants de chœur quand Guy célèbre l'eucharistie, alors qu'ils se proclament souvent incroyants ?

Chacun de mes frères et sœurs est pour moi témoin de l'essentiel. De sa pauvreté jaillissent des élans imprévisibles de pureté et de délicatesse. J'apprends continuellement à vivre la miséricorde.

**François : « Le travail à visage humain »**

Qui d'autre que Guy aurait fait le pari que ce paysan en bas âge que j'étais avec mes vingt ans avait quelque chose à apporter à ces garçons et filles ? Trente lettres à des institutions éducatives n'ont convaincu personne dans ma recherche d'un travail social en milieu agricole. Guy m'accepte tout de suite. En vingt années, le milieu paysan et mon éducation ont cultivé en moi le goût pour le travail et la tolérance. Un peu d'insouciance, l'envie de quitter le cocon familial, et je suis à la permanence d'accueil à Paris et, une semaine après, en Provence. Une passionnante expérience débute.

Après une multitude de foyers sociaux éducatifs, que peut encore attendre Mohammed à sa sortie de prison ? Mustapha qui l'accompagne depuis Paris et qui connaît bien la communauté assure la visite guidée. Très vite engagé dans les tâches quotidiennes de cette grande famille, il prend ses marques. Bien sûr, il mesure chaque membre de cette famille. Mais sa grande découverte, c'est qu'il est l'égal des compagnons. En effet, ceux-ci n'apportent ici que leurs compétences et un soutien fort et chaleureux.

À l'exemple de Mohammed, j'ai intégré cette communauté. Au bruit des ponceuses et dans la poussière suffocante, nuit et jour pendant une semaine, les jeunes assurent la réussite de l'inauguration de Faucon. Pour la communauté tout entière, c'est le grand changement : fini les hivers blottis autour du poêle fumant à négocier le jeûne des poules et des oies. C'est le début d'une vie communautaire réglée sur le cycle biologique des animaux. À huit heures le soleil brille déjà et, malgré le froid glacial, chacun, la mine barbouillée, plongée dans un bol de café fumant, savoure ou appréhende le travail qui l'attend.

Le 31 du mois survient très vite à ce rythme, et le fruit du travail est attendu avec impatience : Louis espère une augmentation substantielle pour récompenser son ardeur au travail et Jean le budget nécessaire à l'achat d'une chèvre plus productive. Ici, même le dernier arrivé participe aux décisions. Surpris la première fois, chacun devient le défenseur de cette grande règle d'égalité.

Cette immersion auprès des jeunes difficiles m'a enseigné la persévérance dans les actions. Mais, surtout auprès des gens en difficulté, cela m'a montré que personne n'est irrécupérable.

La valeur humaine du travail et le partage de tout, cela reste la règle d'or de Faucon. Même si, aujourd'hui encore, je n'ai pas profité de toute la richesse reçue de cette expérience, je souhaite à chaque jeune adulte de vivre, s'il veut entrer dans l'équipe de Faucon, cette possibilité de donner tout simplement ce qu'il est.

## M'Hammed : « Que d'autres "Faucon" existent ! »

Guy Gilbert, en août 1988, engage la Bergerie de Faucon dans un échange de jeunes avec l'Algérie. Dans un premier temps, jeunes Algériens et Français se retrouvent pour quinze jours dans les gorges du Verdon, à Faucon. Dans un deuxième temps, les mêmes jeunes découvrent Alger. J'ai participé à la vie et à l'animation de cet échange. Aux parents qui demandent : « Où sont les voyous dont on nous a parlé ? », Guy répond : « La différence entre ces jeunes et les vôtres... la voilà. Les uns ont été aimés et les autres ne l'ont pas été... C'est pourquoi vous n'avez pas vu la différence. Vous les avez accueillis dans vos familles et non pas à côté... »

Pour ces jeunes de la Bergerie de Faucon, de nombreuses origines : Espagnols, Maghrébins, Italiens, Chiliens, Martiniquais, Belges, etc.

Je fais le tour et je m'installe dans un dortoir sous la toiture. La Bergerie de Faucon est une porte ouverte vers demain pour ces adolescents et adolescentes que l'on dit délinquants. Aussi, il n'y a pas de barrière, la route est à proximité, les portes de la maison restent ouvertes pour fuguer ou pour revenir. Les seuls qui doivent s'annoncer avant d'entrer sont les hommes de l'ordre (policiers ou gendarmes). Et ils respectent la règle du jeu. Si un jeune, dont ils ont appris la présence à Faucon, refuse de les rencontrer, même s'ils ont besoin de son témoignage, ils repartent. Chacun est libre devant sa conscience.

C'est la première impression que je reçois de cette maison où je pénètre sans avoir poussé de barrières, après être descendu de l'autobus local qui parcourt les gorges du Verdon.

Les multiples travaux agricoles et de service des bêtes ne sont pas évidents au début pour des jeunes de seize ans. Mais Guy n'a que ça à leur offrir.

La relation au début n'est pas facile. Elle est bonne parfois immédiatement. Avec d'autres il y a blocage.

M. a dix-sept ans et des tas de problèmes. Opposition systématique à tout ce qui lui est demandé. Je n'insiste pas et m'en vais travailler. M. me suit, me regarde et se met à travailler. Nous sommes restés un mois ainsi. Il parlait de l'avenir... aussi. Être agent de vente dans un magasin lui aurait plu.

J., quinze ans, Guadeloupéen, ne m'a pas accepté. Est-ce la différence d'âge ? Est-ce la différence de race tout simplement ? Moi le Saharien, un peu bronzé, à la barbe et aux cheveux abondants...

Je revois d'autres visages et je pourrais citer d'autres noms aux consonances de tous pays et du mien, l'Algérie. Ils restent tous fidèles à

Faucon comme à une maison mère qui les a remis debout dans leur vie, pour leur vie.

Guy vient à la bergerie de Faucon huit jours par mois, assurant la formation des compagnons. Tout est partagé, les critiques comme les félicitations. Les points forts de cette formation sont : faire aimer les bêtes, faire aimer la nature, apprendre à se responsabiliser, à être solidaire, à échanger. C'est-à-dire devenir responsable.

Après s'être entretenu d'abord seul avec les jeunes, puis avec le responsable et les compagnons, au cours d'une réunion de coordination, Guy dialogue, le temps qu'il faut, avec toute la communauté réunie. C'est la confrontation amicale et sans concession. C'est le temps le plus fort du mois. Mais, pour Guy, il ne s'agit pas de remettre l'individu à flot à l'intérieur d'un monde clos. Ainsi la Bergerie de Faucon a-t-elle un rôle dynamique dans la réunion. Ces jeunes partagent avec les agriculteurs de la région les contraintes de l'agriculture, remettent en route les fêtes locales. Guy est présent à chacune des fêtes religieuses ou profanes, joies et peines sont partagées. Ainsi il recrée pour les jeunes sinon un milieu familial, du moins un milieu d'amitié profonde. « Alors, M. est en taule, cet enfoiré. Donne-moi son adresse que je lui envoie un petit mandat », me dit un vieux berger.

La présence d'une équipe à Paris autour de Guy, pour accueillir mineurs en déroute ou en fugue et promouvoir par des conférences et des rencontres un autre regard de l'homme sur l'homme, est une tâche, autre, mais complémentaire, de Faucon.

Voilà ce que, en quatre mois de présence et de partage, il m'a été donné de percevoir à la Bergerie de Faucon. Je le livre pour que d'autres Faucon existent pour des jeunes mal-aimés, à cause de leur misère spirituelle, morale et affective, que cela soit dans les sociétés riches ou pauvres.

## Djaouid : « Le béton avait des failles »

Je dirais : « Après avoir passé au 46, on ne peut plus être comme avant. »

Je pensais connaître beaucoup de choses comme ancien loubard, mais j'étais ignorant. Bonne thérapie pour les orgueilleux. Ça fait maintenant cinq ans que je suis parti et, pourtant, j'ai l'impression d'être toujours présent. L'équipe est importante quand le leader est fort. Je pense à Pascal, le responsable du 46, qui m'a fasciné par sa vérité, sa gentillesse. Il m'a beaucoup appris. À Didier, une sorte d'ange gardien, à Laurent, timide et précis, à la fidélité d'Éric, ancien loubard.

La phrase « Guy, je peux te voir deux minutes dans ton bureau ? », restera pour moi un mystère. J'ai essayé d'en chercher le sens magique. Car comment, après quelques minutes, un mec peut en sortir souvent transformé ? Quelle est cette essence qui émane de ce bureau plutôt lugubre ? La vérité que tu leur apportes ? Le fait que tu leur appartiens ? Quelques minutes font des miracles. Je l'ai constaté tant de fois.

Je parle beaucoup de toi. Mais comment parler du 46 sans son « âme » ? Impossible.

Je comprends mieux maintenant tes retraites chez les sœurs. Seul avec Dieu. Je crois qu'il faut être solide mentalement pour faire ce boulot, avec la sonnette qui sonne jour et nuit. Le téléphone sans cesse. Être sur le qui-vive. Être à l'affût de tout. Il faut un instinct d'animal. Il faut faire vite pour minimiser les dégâts. Heureusement qu'avec les conférences, nous pouvons nous évader ailleurs, entrer dans l'intimité des gens. Quelle palette de richesses pour les mecs et les filles qui n'ont connu que rejet !

Grâce à tant de jeunes qui s'en sortent, Rachid, mon frère de quinze ans qui s'est jeté d'un train, est toujours vivant.

Je t'ai connu en 1965, en Algérie. J'avais quinze ans et j'étais paumé dans un pays que je ne connaissais pas. T'es arrivé. Avec toi, je pouvais tout affronter. Du béton armé, tu étais. Et pourtant, vingt ans après, le béton avait des failles. Je me suis rendu compte que tu n'étais qu'un homme, avec ses joies et ses peines. Tes yeux te trahissaient parfois. C'est moi qui ai écrit sur le mur du 46 : « Tout le monde est vulnérable, même Guy. »

Mon regret est d'avoir commis certaines fautes. Mais, en même temps, ça m'a éclairé. Jésus guérissait les aveugles, certainement, en leur rendant la vue du cœur. Je pense souvent à ce mec qui a parcouru Strasbourg-Paris sur un vélo trouvé à la décharge publique, en plein hiver, chaussures trouées, pour passer une heure avec nous. Il a vu et il est reparti. Quelle leçon !

Il faut que je parle de ta grande réussite : « Faucon ». Lieu mystique ou mythique pour les profanes. Le paradis pour les initiés. Je comprends maintenant ce que représente le verbe *aimer*.

Mazouz (mon deuxième frère disparu depuis dix ans) adorait Faucon.

Oui, cette expérience m'a grandi, et la vie est encore longue pour apprendre.

# Épilogue

## Faucon, béni de Dieu

Une nuit d'été, à trois heures du matin, alors que je veillais et priais entre les enclos des sangliers, Samir, insomniaque, est venu me rejoindre. Ils connaissent bien ce coin que j'aime. Au point d'y avoir construit, pour ma méditation, sous un grand pin, un petit muret.

Le regard tourné vers les étoiles, on faisait silence. Les étoiles filantes traçaient dans le ciel leur lumineux chemin. Samir me dit soudain : « Sans Dieu, aurais-tu pu faire tout ça ? – Jamais. Souviens-toi, Samir, de l'achat providentiel de la ruine. Regarde bien. C'est le seul lieu, à des kilomètres à la ronde, arrosé par une source abondante, même quand l'été est torride. Ce lieu est un atout maître pour nous. Les êtres humains, les bêtes et la nature somptueuse des gorges du Verdon concourent à cette harmonie.

« Ce lieu est béni de Dieu. Les signes en sont multiples. L'amour fraternel qui nous porte, votre travail dur et beau auprès des bêtes et tout ce que vous bâtissez ici à la force de vos poignets sont les signes pour moi que Dieu nous aime au-delà de l'imaginable. Moi, là-dedans, je ne fais que vous suivre et vous guider, avec mon équipe, pour vous sortir des sentiers qui vous conduisaient vers tant de déroutes. Parce que je sais que l'Évangile est la passion de tout ce qui est perdu, l'amour que nous vous portons et que vous nous portez a la force d'un torrent. Regarde le Verdon. Rien ne l'arrête. L'Évangile dit : "L'amour, c'est comme un torrent. Il est invincible." Ma force, je la puise à ce torrent-là. »

## Postface

# Des loups redevenus des humains

Les lecteurs assidus de mes livres remarqueront que maints passages qu'ils ont lus ont déjà été mentionnés dans mes neuf bouquins précédents.

Il était nécessaire, cependant, de rassembler dans *Des loups dans la bergerie* cette expérience éparpillée dans mes récits précédents.

C'est fait. Et c'est bon si ça peut réchauffer le militantisme de ceux et de celles qui m'ont souvent demandé de leur décrire l'origine de Faucon, et ce qu'on y vit depuis vingt-deux ans.

Faucon n'est ni un modèle ni un exemple.

Mais une façon de vivre, née seulement de l'écoute, la vie, les cris de ceux et celles qui étaient des loups et qui sont redevenus des humains.

## Table

*Impression réalisée sur CAMERON par*
*BRODARD ET TAUPIN*
*La Flèche*

*pour le compte des Éditions Stock*
*23, rue du Sommerard, Paris Ve*
*en mai 1996*

*Imprimé en France*
Dépôt légal : juin 1996
N° d'édition : 5403 – N° d'impression : 1298P-5
54-07-4649-01/7
ISBN : 2-234-04649-1